历史穿越报

铁血君王
永乐帝
打出来的皇帝

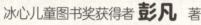
冰心儿童图书奖获得者 **彭凡** 著

化学工业出版社
·北京·

前言

　　如果你想了解一个人，就和他一起吃饭、聊天、逛街，关注他的朋友、他的敌人，以及他周围的一切。可是……

　　如果他是一位古代帝王，该怎么办？

　　很简单，坐上我们的时光机，回到他生活的年代，和他一起吃饭、聊天、逛街，关注他的朋友、他的敌人，以及他周围的一切。

　　当你回到古代，你会发现，原来古人也和我们一样，也要工作、学习和娱乐，也爱美食、八卦和明星。

　　你会发现，你想了解的人，也正是大家热烈讨论的那个人。

　　你会发现，当时的好多新闻、八卦都与他有关。

　　你会发现，就连广告中也处处有他的身影呢。

　　武则天刚刚发布了一则公告，要在全国进行大改革，年号要改，旗帜要改，衙门名称、官职名称等都要改，连都城的名字也要改，话说她这是要登基当女皇的节奏吗？

　　朱元璋正在招兵买马，小编穿穿刚好会几招三脚猫功夫，要不要报名去试试？

　　一个通讯员告诉我们，李世民又和魏征在大殿上争得面红耳赤了，我们要不要偷偷把这个镜头拍下来呢？

……

现在,你是不是迫不及待想回到古代,在第一时间内了解这些新闻和八卦呢?别急,我们已经派人穿越了,将你想知道的一一记录下来,刊登在《历史穿越报》上。

这套《历史穿越报》一共十本,分别详细记录了汉武帝、唐太宗、武则天等十位帝王的成长历程。每本《历史穿越报》有十二期,一月一期。每期报纸中都有五花八门的新闻、八卦、访谈、广告、漫画,让你目不暇接。

我们的记者队伍非常庞大,分布在全国各地。有一部分人喜欢专门记录重大事件,我们将这些稿件放在"叱咤风云"栏目。

我们还有一批勤奋的通讯员,每天穿梭在各大茶馆。他们可不是去喝茶哦,而是为了搜集百姓的八卦、言论,给"百姓茶馆"栏目准备素材。

我们还设立了一个"鸿雁传书"栏目,古人有什么困扰、烦恼,统统都可以通过来信告诉我们,小编穿穿会一一耐心回复哦!

我们还有一位大嘴记者,名叫越越,专门负责采访当时最杰出或者最有争议的人物。他是一个胆大包天的家伙,就算是皇帝也要刁难一下,古人们可要做好准备了!

当然,我们还有"广告铺"栏目,欢迎大家刊登广告,价格从优哦!

最后,希望大家在看完这份报纸后,不仅能读懂帝王们的一生,还能从中获得知识、经验与勇气,让我们的穿越功夫没有白费。

第1期　十岁的燕王

【烽火快报】这个老爹有点忙…………………………………………… 11
【叱咤风云】偏心的老爸——只有姓朱的最靠谱………………………… 12
【百姓茶馆】嘘，别再提封藩的事了！…………………………………… 17
【鸿雁传书】未婚妻从未谋面，能否成亲？……………………………… 18
【文化广场】名字里的秘密………………………………………………… 19
【名人有约】特约嘉宾：宋濂……………………………………………… 20
【广告铺】就藩筹备令——藩王们来凤阳了——外出令………………… 22

第2期　一战成名

【烽火快报】向北平出发！………………………………………………… 24
【绝密档案】谁想干掉谁…………………………………………………… 25
【叱咤风云】这个和尚不简单——第一次当统帅………………………… 27
【百姓茶馆】太子的位置空了出来………………………………………… 33
【鸿雁传书】让谁当下一个皇帝…………………………………………… 34
【名人有约】特约嘉宾：朱元璋…………………………………………… 35
【广告铺】封赏令——给燕王的信——交换马匹令——贺燕王…… 37

第3期　侄子的忧虑

【烽火快报】新皇帝的担忧…………………………………… 39
【绝密档案】太祖的遗诏，是真是假………………………… 40
【叱咤风云】可怕的叔叔们——先发制人，开始削藩……… 42
【鸿雁传书】要造反，先办个养鸡场………………………… 47
【百姓茶馆】燕王来南京转了一圈…………………………… 48
【名人有约】特约嘉宾：燕王朱棣…………………………… 49
【广告铺】莫逐燕——逮捕令——将燕王赶到南昌去——给朱允炆
　　　　　的信………………………………………………… 51
【智者为王】第1关…………………………………………… 52

第4期　靖难兵变

【烽火快报】燕王疯了！……………………………………… 54
【叱咤风云】燕王的救命恩人——燕王造反，屋顶的瓦片被刮落——
　　　　　姜还是老的辣——兄弟"情深"，要反一起反 …… 55
【百姓茶馆】突如其来的大风………………………………… 62
【鸿雁传书】该死的木牌……………………………………… 63
【名人有约】特约嘉宾：建文帝朱允炆……………………… 64
【广告铺】平分天下承诺书——军前训话——赐名郑和——哀悼大
　　　　　将张玉…………………………………………… 66

目录

第5期　皇帝的一把火

【烽火快报】从北平打到京城，可能吗? ………………………… 69
【叱咤风云】豁出一切，向京师开进!——南京失陷了——皇上放
　　　　　　了一把火 …………………………………………… 70
【鸿雁传书】分给叔叔一块地，行吗? …………………………… 72
【百姓茶馆】皇上到底是死是活? ………………………………… 75
【名人有约】特约嘉宾：解缙 ……………………………………… 76
【广告铺】拿鞋子不给钱，斩!——罪己诏——揭发奸臣有赏 … 78

第6期　一朝天子一朝臣

【烽火快报】老朱家的江山换人了 ………………………………… 80
【叱咤风云】方孝孺宁死不屈，徐辉祖一言不发 ………………… 82
【百姓茶馆】一朝天子一朝臣 ……………………………………… 84
【鸿雁传书】说好的一半江山呢 …………………………………… 85
【名人有约】特约嘉宾：成祖朱棣 ………………………………… 86
【广告铺】卖身葬父——悼念靖难忠臣——关于成立内阁的
　　　　　诏令 ……………………………………………………… 88
【智者为王】第2关 ………………………………………………… 89

第7期　盛世之举

【烽火快报】书没编好，皇帝很生气……………………………… 91

【叱咤风云】大典是怎样"炼"成的——向神秘的西洋出发！——揭秘船长郑和的身世——爪哇岛风波——古里，一座见证历史的丰碑…………………………………………… 92

【鸿雁传书】远赴南京，是吉是凶?…………………………… 100

【名人有约】特约嘉宾：郑和………………………………… 103

【广告铺】招海员八百多名——告天下百姓书——招编辑两千多名………………………………………………………… 105

第8期　安南国风波

【烽火快报】安南国来朝贺了…………………………………… 107

【叱咤风云】安南国出事了——"奇兵"来了我不怕………… 108

【鸿雁传书】莫名其妙就坐大牢了……………………………… 111

【百姓茶馆】安南国又出事了…………………………………… 112

【名人有约】特约嘉宾：汉王朱高煦…………………………… 116

【广告铺】徐皇后的遗言——告日本书——复设市舶司——朝鲜纳贡书………………………………………………………… 118

目录

第9期　大漠烽烟

【烽火快报】鞑靼向大明示威……………………………………………120
【叱咤风云】快马加鞭，只为一句话——天啊，皇帝冲在最前面——
　　　　　"新鞑靼"要崛起了？——瓦剌人设下的圈套——
　　　　　出击吧，神机营………………………………………………121
【百姓茶馆】皇孙险些遇难……………………………………………131
【鸿雁传书】这真的是麒麟吗？…………………………………………132
【名人有约】特约嘉宾：道衍和尚姚广孝…………………………………133
【广告铺】关于设置贵州布政使司的通知——重修《太祖实录》——
　　　　　一封公告——投降书……………………………………135
【智者为王】第3关………………………………………………………136

第10期　夺嫡之争

【烽火快报】迎驾迟误，皇上发飙了……………………………………138
【绝密档案】皇帝的难题——一次著名的对话——汉王的攻击………139
【叱咤风云】皇帝也有朋友——杨士奇出招，致命一击………………146
【百姓茶馆】好可怕的锦衣卫……………………………………………149
【鸿雁传书】最后的请求…………………………………………………152
【名人有约】特约嘉宾：杨士奇…………………………………………153
【广告铺】凡贪污者必严惩——关于和尚、道士的通知——运河民
　　　　　夫招聘启事……………………………………………155

第11期　迁都那些事儿

【烽火快报】天子要迁都……………………………………………… 157
【绝密档案】不要美食要泡菜——迁都之事，"蓄谋已久"…… 158
【鸿雁传书】搬到北京，南京怎么办?……………………………… 164
【叱咤风云】臭名远扬的东厂——皇宫起火，是迁都惹的祸? 165
【百姓茶馆】皇上赶快停手吧…………………………………………… 168
【文化广场】独一无二的经典之作——紫禁城…………………… 169
【名人有约】特约嘉宾：杨荣……………………………………………… 170
【广告铺】宴会邀请贴——劝和书——东厂成立了……………… 172

第12期　未竟的远征

【烽火快报】这个皇帝爱打仗………………………………………… 174
【叱咤风云】倒霉的替罪羊——一个神秘的夜晚——最后的
　　　　　　征途 …………………………………………………… 175
【鸿雁传书】北征！又是北征！……………………………………… 176
【百姓茶馆】收了个蒙古王子………………………………………… 177
【文化广场】皇帝的称呼怎么那么多?……………………………… 183
【名人有约】特约嘉宾：朱高炽……………………………………… 185
【广告铺】欢迎西洋的朋友们——赦免令——太子的慰问… 187
【智者为王】第4关……………………………………………………… 188

智者为王答案　　　　　　　　　　　　　　　　　　　189
朱棣生平大事年表………………………………………………… 191

第 1 期
公元1360年—公元1379年

十岁的燕王
朱棣

穿越报
CHUANYUE BAO

【烽火快报】
- 这个老爹有点忙

【叱咤风云】
- 偏心的老爸
- 只有姓朱的最靠谱

【文化广场】
- 名字里的秘密

【名人有约】
- 特约嘉宾：宋濂

【广告铺】
- 就藩筹备令
- 藩王们来凤阳了
- 外出令

穿越必读 CHUANYUE BIDU

明成祖朱棣是朱元璋的第四位皇子，也是明朝的第三位皇帝。他生于乱世，长在皇宫，最后起兵造反，把侄儿拉下了皇帝宝座，开创了一个辉煌的永乐盛世，被后人称为"永乐大帝"。这位一代雄主，拥有怎样的少年时光呢？

烽火快报

这个老爹有点忙
——来自应天府的绝密快报

在元朝,蒙古人地位尊贵,他们无需劳动就可以享有所有财产。而汉人个个都很卑微,他们甚至连武器都不能拥有。再加上接连不断的灾荒,为了生存,人们不得不举起了反元的旗帜,各地频繁爆发农民起义。

公元1360年四月十七这一天,应天府(即江苏省南京市)的朱家生下了第四个儿子。据说他诞生的时候,满屋子都是五彩的云霞,一连好几天都没散去(估计是瞎编的),这可真是吉兆啊!

然而,男孩的老爹却在这时接到了前线的告急文书,他的敌人开始进攻了!

他的老爹是谁呢?他就是著名的起义大军——红巾军的领头人朱元璋。忙碌的他,还没来得及看上儿子一眼,便又打仗去了。

至于给孩子起个什么名字——唉,哪有工夫去琢磨啊!

来自应天府的绝密快报!

叱咤风云 CHIZHA FENGYUN

偏心的老爸

可怜的"小四"等啊等，等到下面又多了"小五""小六""小七"三个弟弟了，名字的事还是没有消息！朱元璋这个老爹可真沉得住气啊！

一直到公元1367年，朱元璋（后称太祖）终于推翻了元朝，建立了大明王朝。眼看登基大典也准备好了，册封礼仪也准备好了，朱元璋就要做皇帝了，才猛地想起，儿子们都没有名字，怎么进行册封仪式呢？

于是，太祖来到太庙，祭祀焚香，郑重地给儿子们取了名字。从此，"小四"就有了名字——朱棣。

身为皇子，小朱棣是个标准的富二代加官二代，照理应该过着人人羡慕的生活。可是事实上，他远没有我们想象中的那么风光。

刚出生时，他的老爸正在不停地打仗。所以，朱棣

CHIZHA FENGYUN　叱咤风云

读的书不多，见得最多的也是那些明晃晃、冷森森的刀枪剑戟。

更关键的是，太祖的孩子很多。孩子多了，做父母的难免偏心。太祖就是个偏心的老爸。他最偏爱老大朱标。

朱标为人忠厚、生性温和，是个标准的老实孩子。早在明朝建立的那天，太祖就把他立为了太子。也就是说，朱标是太祖皇位的继承人，人家的使命是将来要去做皇帝的。

所以，朱标用的是最好的东西，得到的是最隆重的待遇，文武百官见了他，都要跪拜行礼。就连请的老师，也是国内最优秀的名儒，其中有最有名的大学者宋濂先生。

在一群优秀人士的谆谆教诲下，朱标学习成绩非常不错。

除此之外，太祖经常与朱标一起吃饭喝酒，谈诗作赋，常常教他一些治国的道理。

与太子比起来，朱棣就像路边的野草，无人问津，更无人欣赏。而这一切，都是因为朱标是太子。

可以想象，这对于小朱棣来说，心里多少都会有一些自卑，不过同时，也让他学会了隐忍，学会了坚强。

只有姓朱的最靠谱

到了公元1370年，朱棣又多了三个弟弟。眼看着自己儿孙满堂，太祖十分高兴，为了让朱家皇朝世世代代地延续下去，他决定将自己的儿子分封为藩王。

除老大朱标被封为太子外，其余的九个皇子依次被封为秦王、晋王、燕王、周王、楚王、齐王、潭王、赵王和鲁王，分别封在西安、太原、北平、开封、武昌、青州、长沙、兖（yǎn）州等几个重镇。

这些藩王，不但有封地，有自己的"小朝廷"，还有军队，少的有几千人，多的有上万人，就像一个个独立的王国。更重要的是，在这些藩王的封地内，就连朝廷派去的兵也归藩王调遣。

为了不让开国功臣们对自己有意见，太祖一再强调，自己这么做，是为了大明王朝的"长治久安"。当然，聪明的人一眼就看出了太祖的真正用心——他想用自己的儿子们取代那些功臣。

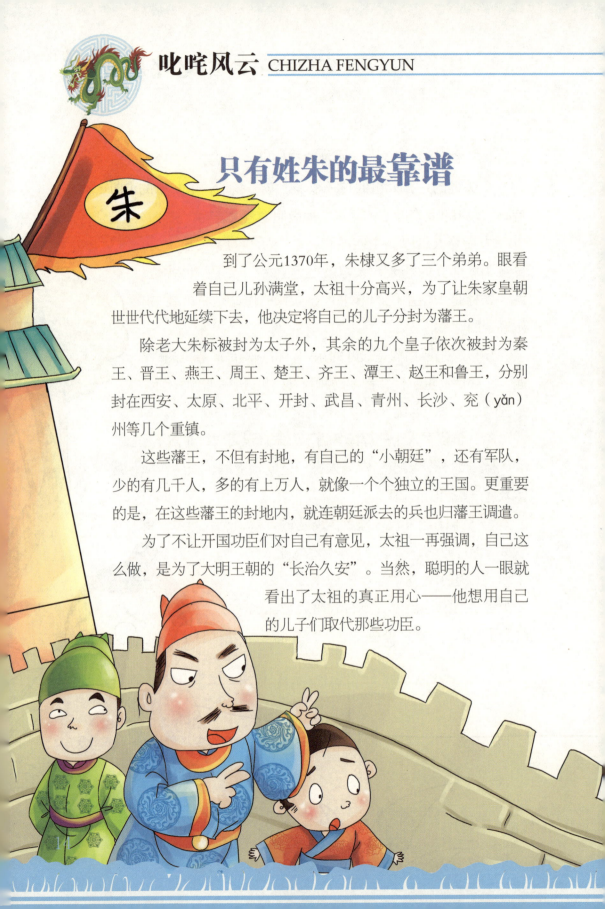

叱咤风云

自从太祖当了皇帝后,他的这些战友们也就跟着得了道、升了天,成了开国功臣,一个个不是封王,就是封爵,地位极高。

太祖很担心,在他看来,这些功臣们能帮他争天下,将来也能帮别人争天下。怎样才能把他们都除掉呢?即使一时不能除掉他们,怎样才能尽量削弱他们的力量呢?

思来想去,他得出一个结论——别人都是不可靠的,可靠的只有我们老朱家的人。大家都姓朱,都是一家人,那这江山还不像铁桶一样坚固吗?

封了王之后,太祖还规定,不管是公是侯,也不管你是能征善战的老将,还是满腹才华的文臣,见了亲王,哪怕他再年轻,诸位大臣都必须向他行大礼,因为他是皇帝的家人,见了藩王,如见皇帝。

当然,封王是一回事,到藩地就职又是一回事。

现在,皇子们虽然有自己的封号,但都还待在都城,待在父母身边。原因很简单,皇子们年龄还小,无法掌管那些国家重镇。比如被封为燕王的朱棣,他的封地在北平。这意味着,他将来是要掌管北平一带的。然而他现在只有十岁,就只能暂时待在应天府。

嘻哈园 XIHA YUAN

百姓茶馆

BAIXING CHAGUAN

嘘，别再提封藩的事了！

咳咳，听说没有，皇上现在让大家批评朝政呢，有什么对皇家不满的地方，都可以说出来，言论自由，民主讨论！

卖西瓜的老王头

鞋匠老李

皇上那就是做做样子的，其实，他可讨厌大家对朝政说三道四啦！你没听说嘛，有个叫叶伯巨的人，他写了封万言书上书皇上，可是结果却被皇上关进了大牢！

叶伯巨这小子批评皇上不该分封藩王，说什么子又生孙，孙又生子，以后藩王越来越多，恐怕连中央都控制不了。还说汉景帝时候，七国的王都姓刘，不照样都反了吗？这小子说得头头是道，还真有两把刷子！

赵员外

铁匠老刘

我看这个叶伯巨活得不耐烦了，把皇上说得没话说，这不是找死吗？怪不得皇上气坏了，骂他："这小子妖言惑众，离间朱家骨肉之间的感情，我一定要亲手杀了他！"唉，直言进谏，想不到却是这种结果！

嘘，我说各位，以后可千万别再提皇上封藩这事儿了，皇上执意要这么干，那咱们也管不了啊。分封的事是好是坏，只有等时间来证明啦！

张秀才

鸿雁传书 HONGYAN CHUAN SHU

未婚妻从未谋面，能否成亲？

穿穿老师：

您好，本王今年十五岁了，用他们的话说也算是"龙性初成"，到了该娶媳妇的年龄了。

父皇对本王的婚事很关心，说一定要给本王找个大家闺秀，才符合我们皇家的规定。他跟我朝第一名将中山王徐达是布衣之交，也就是"发小"，听说他家的长女不错，便亲自替本王向他求亲。父亲是皇上，徐达是臣子，他当然不敢不听，所以婚事就定下来了。

可是，直到现在，我也没有和徐小姐见过面，我都不知道她长得美不美，真不知道自己会不会喜欢她，心里既期盼，又有一点紧张呢！

燕王 朱棣

尊敬的燕王殿下：

您好，您的字写得很漂亮，我很喜欢，相信您一定是字如其人。

我帮您去徐府打探了一下，徐达的女儿比您小两岁，性格文静，气质高雅，善女红，爱读书，人称"女诸生（编者注：诸生即秀才）"。而且，告诉你一个小秘密，这位千金小姐不仅能文还能武呢。

所以，你们两个，一个是皇家之子，一个是大将之女，可以说是门当户对，非常合适。相信日后不管在生活方面还是在事业方面，徐小姐都能够做你最有力的后盾！我看好你们噢！

《穿越报》编辑 穿穿

【不久后，朱棣奉父皇朱元璋之命完婚，娶徐达之女为妻，两人十分恩爱。】

名字里的秘密

前面说了,太祖给儿子们每人取了一个名字,除了燕王叫朱棣外,老大叫朱标,老二叫朱樉(shǎng),老三叫朱棡(gāng),老五叫朱橚(sù),老六叫朱桢,老七叫朱榑(fú)。

细心的读者一定发现了,这些名字都是木字旁。太祖为什么要取这样的字呢?有以下两个原因。

一呢,太祖希望他的子孙能够像树木一样,枝繁叶茂,蔚然成林,把朱家的江山千秋万代地传下去。

二呢,据说这名字是根据《易经》取的。《易经》是一本很玄奥的书,这本书认为"五行相生"。五行,是指火、土、金、水、木;相生,是互相滋生、互相促进的意思。"五行相生"就是说"火"能生"土","土"能生"金","金"能生"水","水"能生"木","木"又能生"火"……

别看太祖是个大老粗,但也是个有点文化的大老粗。所以,太祖的后代,第一代都取带"木"字的名字,第二代都起带"火"字的名字,以此类推,循环往复,以示朱氏江山绵延不绝,生生不息。怎么样,这名字起得有水平吧?

这皇家的名字可不是随随便便定的,既然太祖定下了这个起名字的规矩,后代们就要视为"祖制",严格遵守执行呢。

名人有约 MINGREN YOU YUE

越越 大嘴记者

宋濂 特约嘉宾

嘉宾简介：他的散文集古今大成，是文艺青年心中的偶像；他热衷藏书，保存了很多绝版古书，是我朝文化保护工作的先行者；他学富五车、博古通今，是当今太子最为推崇和尊敬的老师。他就是当代大儒、著名学者——宋濂！

越　越：宋濂先生，您好。很荣幸能采访到您。能跟我谈谈您那位特别的学生吗？

宋　濂：您是说太子吧？太子殿下非常优秀，他为人友爱，谦虚好学，知书懂礼，一言一行都合乎皇家典范，将来一定会成为一位有德之君。

越　越：看来皇上选他做太子一点儿都没选错啊！

宋　濂：嗯。皇上一直对他寄予厚望。他二十二岁的时候，皇上见他表现不错，就开始让他协助处理政务。

越　越：我说句大不敬的话，皇上这个江山是"打"下来的，他自己是个粗人，如果太子向您说的那样，知书懂礼，那不就是个典型的文弱书生吗？这一文一武，意见能一致吗？

宋　濂：小记者聪明，看问题看得很透啊！没错，他们两个有太多不同之处。皇上出身贫困，是穷人家的孩子；太子呢，是含着金钥匙出生的，而出身不同，做事的方法也不同。皇上主张以猛治国，遇到不听话的人就杀；太子主张以仁治国，杀的人越少越好；皇上严酷，太子宽大……

越　越：那这两父子情不投，意不合，没办法说到一块去啊！

宋　濂：确实是这个情况。再加上皇上望子成龙心切，对太子的要求很高，也很严；太子作为储君，又没有什么实权，只能学习和协

名人有约

助。所以，太子现在的压力相当大啊！我真担心他哪一天精神崩溃了。

越　越：（忙安慰）先生言重了。虽然我觉得太子过于忠厚老实了一点，但太子吉人天相，应该不会有事。那四皇子朱棣呢，您怎么看他？

宋　濂：我虽然不是朱棣的老师，但我看这小子少年老成，喜怒一般不形于色，感觉很有城府。这小子不好说，反正我觉得他不是个省油的灯。

越　越：那当今圣上呢，您又怎么评价他呢？

宋　濂：（赶紧伸手去捂越越的嘴）小记者，你是刚参加工作吧，年轻人真不知道深浅啊！背后评论领导，你还想不想混了？我什么都没听见啊，你问下一个问题吧！

越　越：（撇撇嘴）有那么严重嘛？咱们只是一个小小的采访而已，皇上哪会管这些芝麻绿豆大的事啊！

宋　濂：小伙子，你可不知道，皇上的耳朵好使着呢。告诉你，有一次我和一个朋友在家喝了点小酒，聊点儿有关文学创作的事，结果第二天见皇上时，皇上问我昨天喝酒没有，和谁一起喝的，吃的都是啥菜。幸亏我老实，一一回答了皇上。皇上听了很高兴，说我说的都是实话，夸我很诚实……

越　越：皇上怎么知道您说的是实话，他又不在场……

宋　濂：（扭头四处看了看）所以我说嘛，千万别在背后乱说什么，皇上虽然深居宫中，可到处都有他安排的特务啊，锦衣卫你听说过没，真是白色恐怖啊！（擦汗）

越　越：啊？听您这么一说，真的好可怕啊！

宋　濂：（突然面露微笑）在当今陛下的英明领导下，我们国家风调雨顺，人民安居乐业，国力蒸蒸日上，生活在这样的朝代，我感觉是自己莫大的荣幸，我爱大明朝，我祝我们的陛下万寿无疆……（呼……宋濂长出一口气）

越　越：（面带惊讶）您怎么了，刚才为啥突然说出这样一段话？

宋　濂：（四处看看，压低声音）刚才我好像看见窗口处有个黑影晃动，所以赶快改口了！

越　越：（害怕状）啊？不会是有锦衣卫偷听吧？宋先生，我看咱们的采访就到此结束吧……（起身胡乱收拾东西离开）

宋　濂：（狼狈离开）再见，再见……

广告铺

 就藩筹备令

　　不久后，各位藩王就要前往自己的封地，正式"就藩"了。为保障各位藩王及其封地的安全，现急需补充大量王府护卫，尤其是秦、晋、燕三王府。

　　若你身强力壮，愿追随各位藩王报效朝廷，请前往各王府报名！待遇从优，福利丰厚，过时不候！

朱元璋

 藩王们来凤阳了

　　好消息！皇上为了让藩王们体验民生，熟悉民情，现派太子和各位藩王前来本地考察、军训。凤阳是皇帝陛下出生并长大的地方，对皇子们具有非同凡响的意义。请各地及时做好准备，万万不可有闪失！

凤阳府

 外出令

　　凡是我朱元璋的子孙都要记住了，我们现在富贵了，但绝不能忘记当初的贫穷。所以，我现在规定：你们每次出门，绝不能全程骑马乘车，其中三分之二的路程可乘车马，三分之一的路程须步行；外出时要穿麻鞋，带麻布行囊。若穿华衣锦服，招摇过市者，严惩不贷！

朱元璋

穿越报
CHUANYUE BAO

【烽火快报】
- 向北平出发！

【绝密档案】
- 谁想干掉谁

【叱咤风云】
- 这个和尚不简单
- 第一次当统帅

【名人有约】
- 特约嘉宾：朱元璋

【广告铺】
- 封赏令
- 给燕王的信
- 交换马匹令
- 贺燕王

第 2 期
公元1380年—公元1392年

一战成名

朱棣篇

穿越必读 CHUANYUE BIDU

朱棣二十一岁的时候来到北平就藩，开始了一段全新的生活。在大明王朝的边疆，朱棣充分展示了自己的才能，得到了很多的赞誉声。

烽火快报 FENGHUO KUAIBAO

向北平出发！
——来自应天府的加密快报

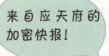

来自应天府的加密快报！

公元1380年春天，燕王带领五千多名将士离开了应天府，踌躇满志地向北方进发。

二十一岁的他，英姿飒爽，风华正茂。和以往不同的是，这一次，他是奉旨正式就藩北平。所谓"就藩"，就是被分封的王爷正式去往封地就职，掌控一方大权。在这之前，他只是有着"燕王"这个空头衔，并没有实际权力。

他的封地北平，原称大都，曾经是元朝的首都，尽管现在已经不是统治中心，却因地处北端，背靠长城，仍然是军事要塞。

而元朝的贵族虽然被太祖赶到了长城以北，但他们又重新建立了"北元"，随时准备反戈一击。太祖把"大都"改为"北平"，就是要将它"平定"。

所以，北平之行对于燕王来讲，并不是去享清福，而是担负了非常重要的使命。

呼吸到与应天不一样的空气，年轻的燕王脸上充满了对未来的向往。这一次，他一定要做出一番事业来，证明给父亲看——我才是最出色的！

谁想干掉谁

十岁就被封为燕王，到封地就藩是早晚的事。但很多人都不知道，有一件事情加速了就藩的脚步。

这件事情，就是近期轰动全国的胡惟庸案。

案发之前，胡惟庸身居宰相之职，一人之下，万人之上，手握大权。因为做事一向小心谨慎，所以太祖十分宠信他，这个宰相一做就是好几年。

可是，慢慢地，他的胆子越来越大，凡是对自己逢迎拍马的人，他就重用；凡是陷害自己的人，他就打击。最后甚至有了异心，开始在外秘密招兵买马。

有一天，胡惟庸对太祖说："臣家院中有一口井，井水突然甘甜如酒，这可真是好兆头啊，请陛下也来看看吧！"

太祖觉得好奇，就领着一帮人往胡惟庸家走去。走到半道，突然发现形势不对，胡惟庸家的上空，怎么尘土飞扬？

太祖是个疑心很重的人，见此情景，立刻返回，登上宫墙一看，胡惟庸家中竟然有精兵埋伏！这下太祖可火大了——好你个胡惟庸，竟然敢密

绝密档案 JUEMI DANGAN

谋刺杀我!

于是,太祖马上下令,处死胡惟庸,诛其九族!很多人因此受到牵连,掉了脑袋,其中受牵连的人还包括太子的老师宋濂。

奇怪的是,杀了胡惟庸之后,太祖却没有公布下一任宰相的人选,而是颁布圣旨,规定以后明朝不准设置宰相这一职位!

这可真是大奇闻啊,从秦始皇统一中国到现在,有哪朝哪代没有宰相呢?

于是,马上又有传言说,胡惟庸密谋造反的事情,其实是太祖一手策划的,目的就是想废除宰相这个职位,把所有的权力全部收到皇帝自己手里。

到底是皇帝想干掉宰相,还是宰相想干掉皇帝?谁也说不清楚。总之,没有了宰相,太祖一人独揽大权,再也没有任何力量可以威胁高高在上的皇权了。

可是,宰相没了,很多重臣也没了,朝中却还有那么多活儿要干,怎么办呢?

哈,现在该安排他老朱家的皇子皇孙上场了!

很快,燕王就接到了就藩的旨令,并踏上了前往北平的道路。

这个和尚不简单

一转眼，燕王来到北平已经两年了，在这期间，他结交了不少朋友和死党。

公元1382年的中秋节这一天，燕王府喜气洋洋，大家正准备吃月饼、赏圆月，好好过个节。可这时，突然从南京传来一条爆炸性新闻——马皇后病逝了！

要知道，太祖虽然有三宫六院一大堆，但是马皇后却是最特殊的一个。在太祖一无所有的时候，马皇后就嫁给了他，不管再苦再难，都一直守在太祖身边。所以，太祖一直很感激、也很尊重她。

而马皇后生就一副菩萨心肠，不仅善待后宫妃子，对所有皇子皇孙也都视如己出。因此，孩子们也都把她视如亲生母亲。

得知这个消息，燕王立即带领随从，赶到南京奔丧。其他在外就藩的兄弟们，也都纷纷赶了过来。在南京，大家一起为马皇后举行了隆重的葬礼。

葬礼结束后，按规矩，皇子们都要在陵前为马皇后守丧。但是皇子们都是各地

叱咤风云 CHIZHA FENGYUN

的藩王，公务繁忙，不能在南京停留太久，怎么办呢？

最后，藩王们经过商议，想出了一个办法。他们请求父皇选拔一些高僧，跟随他们前往各自的封地，为已故的母后诵经祈福。这样既不会耽误时间，又充分体现了皇子们的孝心。

太祖高兴地同意了，很快为他们选了十位僧人。

在这些僧人中间，燕王一眼就看到一个和尚，这是因为，他长着一对三角眼，眼里放着光芒，看起来像一头生病的老虎，与众不同。

这个和尚法号叫道衍。大家都在窃窃私语的时候，只有他一人岿然不动。

道衍也看到了燕王，跟别的藩王比起来，燕王也显得器宇不凡。

两人一见如故，谈得非常投机。

道衍对燕王说："殿下，让我跟着您去北平吧，如果我跟了您，一定送您一顶白帽子戴。"

燕王一听，大吃一惊：给"王"戴"白"帽子，那就是一个"皇"字。道衍这意思是要帮燕王登基做皇帝啊！

这个时候，皇帝还是太祖老人家，皇帝的法定继承人则是太子朱标，燕王的任务就是好好做他的藩王，为父亲和大哥守护边疆。让燕王当皇帝，这叫违法，这叫造反，是要被杀头的！

燕王赶紧示意道衍不要再说了。但是，当燕王选择为马皇后祈福诵经的高僧时，却毫不犹豫地选择了道衍。

就这样，道衍跟随燕王来到了北平。

嘻哈园

叱咤风云 CHIZHA FENGYUN

第一次当统帅

公元1390年，燕王到了三十而立的年龄。

三十岁的男人正值盛年，血气方刚，在燕王的心中，有着建功立业、干一番大事的强烈渴望。而就在这个时候，机会来了。

前面说过，长城以北的北元势力一直苟延残喘，没有完全被消灭，它对明朝来说是个不小的威胁。这一次，朱元璋痛下决心，一定要把这些北元骑兵清理干净。

于是，太祖大手一挥，下了一道圣旨，命令燕王、晋王分别从北平、山西出发，率兵北征。

接到圣旨后，燕王心潮澎湃——北元是自己的老邻居，在这之前，他也跟这个老邻居打了好几次架。但是率兵的将领都是像蓝玉、傅友德这样的著名将领，燕王只是个小跟班。

这一次就不同了，燕王成了真正的军事统帅，大权在握，是绝对的主角。他骑在高头大马上，一声令下，大军浩浩荡荡出了长城关口，向广袤的塞外大漠进发。

燕王很明白，这次北征是一次很特别的战争，特别在哪里呢？

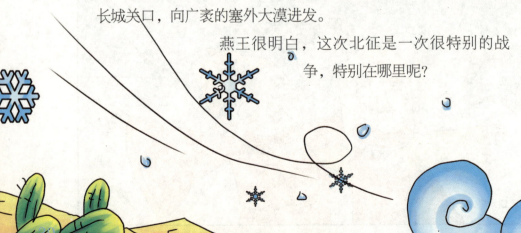

叱咤风云

首先,他必须找到他的对手在哪里。

不要觉得奇怪,那些元朝的残余势力都是游牧民族,他们东边打一阵,西边杀一阵,然后就找个地方躲起来。而长城以北,是一片一望无垠的大漠,想要找到他们,还真是得费点儿劲。

燕王要寻找的对手,是北元的太尉乃儿不花。

燕王很聪明,他明白不能打草惊蛇。所以,他北出长城后,大部队先不动,而是派了几支轻骑兵四处侦查。经过一番努力后,这些轻骑兵们找到了乃儿不花的准确位置。

燕王命令全军做好保密工作,并带着队伍,悄悄地向敌人奔袭过去。

然而,就在进军途中,天上突然下起了大雪。雪夜行军是非常艰苦的事情,有人建议停止行军,等雪停后再进发。

 叱咤风云 CHIZHA FENGYUN

然而，燕王却很高兴。他认为这是天赐良机，这种时候敌人一般会放松警惕。因此，他毅然做出决定，冒着大雪，继续前进！燕王的决定是完全正确的。北元太尉乃儿不花看见天降大雪，果真认为没有人会冒雪进军，就放松了警惕。他万万没想到，他的对手朱棣如此厉害！

所以，当明朝的军队出现在北元兵面前时，他们惊呆了，这简直是天降神兵啊！

然而，令他们更吃惊的是，对方竟然没有马上进攻，而是安营扎寨，架上大锅做起饭来！

乃儿不花一头雾水——燕王的葫芦里，到底卖的什么药呢？

燕王当然很清楚，蒙古兵就在眼前，而且毫无准备，这个时候消灭他们，就像切菜一样容易。但是，他更清楚的是，最厉害的兵法叫不战而屈人之兵。什么意思呢，就是说，不用作战，不用动刀动枪，就让敌人乖乖认输。

所以，燕王没有急着打打杀杀，而是派人到乃儿不花的大营中，让他做什么呢？答案是劝降。乃儿不花明白，现在战局已定，如果双方交战，自己肯定会输得很惨。既然对方愿意用和平的方式解决问题，不用动刀动枪，那就降了吧！

见乃儿不花愿意投降，燕王也非常高兴，不仅亲自到营外迎接，还在帐中大摆酒宴，盛情款待。几杯酒下肚，乃儿不花心服口服，对燕王的不杀之恩，心中更是充满了感激。

藩王首次出征，不伤一兵一卒，便大获全胜，这个消息震动了全国上下，人们对朱棣刮目相看。

朱棣一战成名。

百姓茶馆

BAIXING CHAGUAN

太子的位置空了出来

重大新闻,重大新闻,你们听说没有,太子突然去世了!据说是前段时间奉命巡视长安,回来后就得了风寒,没想到一命呜呼了,四十都不到!唉,可怜当今万岁,白发人送黑发人,惨啊!

卖雪梨的老王

铁匠老孙

唉,好人不长命啊!太子宅心仁厚,虽然他的兄弟们个个都有异心,想夺了他的太子之位,但他从不在意,还老帮他们说好话,打圆场。他这一去世,估计就乱套了。

是啊,皇上那么多儿子,会立哪一个当太子呢?这些藩王都不错,尤其是燕王,不仅能干,做事也低调,我喜欢!据说朝鲜的使臣见了他,都说他与众不同,有大志向。他都当藩王了,还能有什么大志向,我估计就是想当皇帝吧!连人家外国人都看出来了,咱们的老皇帝能看不出来吗?

宋员外

李秀才

老皇帝离他太远,看不到也正常。而且,你们别忘了,太子死了,太子还有儿子呢,皇上那么喜欢太子,立太子的儿子当继承人,那也是很有可能的啊!一切,都要看老皇帝的意思了,我们这些百姓说什么都没用呢!

33

鸿雁传书 HONGYAN CHUAN SHU

让谁当下一个皇帝

穿穿老师：

　　你好。想我朱元璋一生叱咤风云，如今却落得个中年丧妻、老年丧子的结局。呜呼哀哉！

　　但让朕更伤心的是，没有人在乎朕这个老人的心情，他们关注的只有：太子死了，谁是下一个皇位继承人呢？

　　本来，按立嫡立长的制度，太子死了，应该轮到老二秦王朱樉做太子。可是樉儿各方面比起太子来又差远了，说不定还会把我辛辛苦苦打下来的江山败了。但如果越过老二，立别的皇子，又不合规矩。现在离太子去世已经三个多月了，皇储的人选还没定下来。你有什么好建议吗？

大明天子　朱元璋

尊敬的陛下：

　　请您节哀顺变。您别忘了，太子去世，有个人比您更伤心，那就是他的儿子，陛下的长孙朱允炆。虽然他今年只有十五岁，但从小熟读儒家经典，温文尔雅，和善忠厚，和太子有很多相似之处。

　　说到这，您一定明白我想说什么了。如果立他为皇太孙的话，相信陛下的儿子们也没有话说，至少能保持一段时间的稳定。

　　不过，这也只是权宜之计。因为您的皇子们个个都挺厉害，朱允炆年纪又小，您得在有生之年，帮他将叔叔们的工作做通才可以，不然，后患无穷啊！

《穿越报》编辑　穿穿

【不久之后，朱允炆被朱元璋立为皇太孙，成为皇位的法定继承人。】

名人有约
MINGREN YOU YUE

越越 大嘴记者

朱元璋 特约嘉宾

嘉宾简介：他种过田，放过牛，当过和尚，做过乞丐；他曾在鄱阳湖上大败陈友谅，也曾在苏州城下战胜张士诚。他赶走了大元，开创了辉煌的大明王朝。他就是赫赫有名的洪武大帝——朱元璋！

越　越：皇上您好……

太　祖：（声音有些哽咽）唉，朕能好吗？我可怜的标儿啊……

越　越：皇上，您也别太难过了，皇太孙少年聪慧，咱们大明朝后继有人呢！

太　祖：（擦了擦眼泪）唉，允炆这孩子虽然聪明，但毕竟年龄小啊，我现在一天比一天老了，要是哪天我突然去了，这孩子少年登基，面对那么多朝政大事，压力可真是不小啊！

越　越：您也不用太担心嘛！皇太孙虽然年纪轻，可他的叔叔们一个比一个能干呢，有他们辅佐，一定没有问题的！特别是燕王，听说他北征大漠，立下奇功呢，真是国家的栋梁啊！

太　祖：（皱了皱眉）哼，朕担心的就是这小子！

越　越：为什么啊？

太　祖：小记者啊，你真是不懂其中利害啊！这小子现在雄踞北平，翅膀是越来越硬了。如果他老老实实辅佐朕的孙儿，那自然是再好不过了。可是，如果他图谋不轨的话，后果不堪设想啊！

越　越：啊？那怎么办呢？您应该为皇太孙想一个万全之策啊！

太　祖：（紧锁眉头）唉，朕现在

名人有约 MINGREN YOU YUE

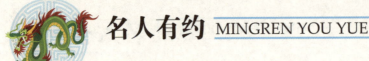

也有点儿后悔当初的封藩之举啊!可事已至此,我也想不出什么太好的办法啊!不过,好在我老朱子孙繁茂,天下又不止一个藩王。各个藩王之间互有猜忌,权力可以相互制衡,想到这一点,朕心里才稍稍宽慰一些……

越 越:呃,这么看来,陛下当初真不该滥杀功臣啊!要是给皇太孙留下几名有勇有谋的大将,那他就不用惧怕那些实力强劲的叔叔们了……

太 祖:(大怒)大胆,那些开国功臣自以为很了不起,居功自傲,朕当然要打压他们的气焰!你记住,朕是皇上,朕想杀谁就杀谁!

越 越:(脸色惨白)草民一时鲁莽,说错了话,请皇上息怒,皇上恕罪!

太 祖:(怒气稍减)哼,算了,念你年幼无知,朕不跟你计较了!要是那些大臣们说错话顶撞朕,朕直接就命太监把他们拖出去打板子了!

越 越:呃,草民明白,那个打板子就是咱大明朝新立的廷杖制度……

太 祖:哼,你知道就好!

越 越:皇上,恕草民直言,历代贤明的君王都是礼贤下士,像您这样动不动就把大臣拖出去打屁股的事,恐怕还真是少有吧?

太 祖:(再次大怒)小记者,你越来越无礼了!你可知君臣父子的道理!对你们这些当臣民的,朕当然要摆出皇帝的威严来,难道还让你们蹬鼻子上脸不成!

越 越:(脸色惨白,冷汗直流)皇上,草民知错了……草民心神已乱,这次采访就到此结束吧……

广告铺

封赏令

　　四皇子朱棣此次出征表现出色，大大挫伤了北元的气势，朕十分欣慰。为了表彰他此次的功绩，特赐他一百万锭的宝钞（编者注：宝钞为明朝纸币）一张；随他一起出征的军队均赐锭七十余万；另备白银十万两，文绮五千匹运往北平，给燕王做赏赐之用。希望他再接再厉，好好地辅佐太子哥哥，为国效力。

大明天子朱元璋

给燕王的信

　　像乃儿不花、阿鲁帖木儿这样的人，你一定要对他们多加防范。他们这些人之所以能够投降，不是因为感激我们的仁德，而是害怕我们强大的军事力量。你要是想任用他们，就要打乱他们原来的军队编制，重新进行整编。只有这样，才能控制住他们。

大明天子朱元璋

交换马匹令

　　为了保证我大明军队北征大漠时，有充足的战马可以用，现特命赶制一批文绮衣衾，去漠北和少数民族交换马匹。

大明天子朱元璋

贺燕王

　　燕王北征胜利而归，这全都是因为当今圣上英武神明啊！我们真是三生有幸，竟然遇到了这样伟大的君主，我们感到骄傲，我们感到十分自豪！

文武百官

第 3 期
公元1392年—公元1399年

侄子的忧虑
朱棣篇

穿越报
CHUANYUE BAO

【烽火快报】
- 新皇帝的担忧

【绝密档案】
- 太祖的遗诏，是真是假

【叱咤风云】
- 可怕的叔叔们
- 先发制人，开始削藩

【名人有约】
- 特约嘉宾：燕王朱棣

【广告铺】
- 莫逐燕
- 逮捕令
- 将燕王赶到南昌去
- 给朱允炆的信

【智者为王】
- 第1关

穿越必读 CHUANYUE BIDU

太子朱标去世几年后，明太祖朱元璋也离开了人世。皇太孙朱允炆即位后，一口气削了五个藩王，最后将矛头对准了他的四叔——燕王朱棣。叔侄两人明争暗斗，矛盾日益白热化。

烽火快报

FENGHUO KUAIBAO

新皇帝的担忧
——来自应天府的绝密快报

公元1398年六月二十四日，七十一岁的太祖因病驾崩，结束了自己波澜壮阔的一生。

俗话说，国不可一日无君。五天后，按照法定程序，皇太孙朱允炆（史称建文帝）宣告继位，成了大明王朝的新任统治者。

据说在这之前，太祖曾和建文帝得意地说："有了这些叔叔们帮你守卫国家，你以后就可以在太平盛世中做一个皇帝了。"

然而，建文帝却担忧地说："别人造反，可以让叔叔们帮忙；那叔叔们造反，怎么办呢？"

太祖一愣，反问道："那你说该怎么办呢？"

建文帝本来就没有办法，才问爷爷的，爷爷这么一问，只好硬着头皮答："以德怀之，以礼制之。不行的话，就削其封地，再不行的话，就贬为庶人。实在不行，再讨伐吧。"太祖对这个回答很满意。

现在，新皇帝继位了，这位少年天子的担忧会成真吗？

来自应天府的绝密快报！

太祖的遗诏，是真是假

太祖驾崩后，燕王却没有来南京奔丧，不光燕王，其他几个藩王也没有来南京，这是为什么呢？

其实，老爹去世的消息，很快就传到了燕王府。太祖和普通人不同，他是皇帝，他的死是重大的政治事件。对燕王来说，爹去世了，心中当然悲痛，但同时，他想的更多的是，这时一定要赶快去南京，因为事关重大，时局随时都可能发生重大改变。

燕王马上带队向南京进发，结果，当大队到了离南京不远的淮安时，却接到一份太祖的遗诏。

在这份太祖的临终遗言里，有一条非常重要的指示，大概意思是说，他的丧事要一概从简，各地的藩王都不要来南京了，耗时耗力，太麻烦，藩王们在自己的封地为老爹哭一哭

JUEMI DANGAN 绝密档案

就可以了。

　　燕王听到这份遗诏后，觉得很荒唐，父亲死了，儿子们却不能给爹奔丧，这是什么规矩！于是，他准备下令，继续向南京进发。

　　这时，有个人站了出来，他对燕王说："你本来是因为一片孝心去奔丧，现在先皇的遗嘱是不让你们几个兄弟去南京，如果你不听话偏要去，那不是反而背上了不孝的名声吗？所以，我们还是回北平吧。"

　　这个人，就是那位声称要送给燕王一顶白帽子的道衍。

　　道衍和尚的话，让燕王迅速冷静了下来。最后，他下令三军，掉头，回北平。

　　有消息透露，太祖的这份遗诏很可能是假的，而新即位的建文帝就是那个假遗诏的制造者。

　　那么，皇上为什么这么做呢？

　　据知情人提供的消息，皇帝非常不想让他的叔叔们来南京。因为他的这几位叔叔，特别像燕王、宁王什么的，都手握重兵，动不动就喜欢吹胡子瞪眼睛，而且，他们对新皇帝继位这件事，一直都心怀不满。如果他们来了南京，一旦有什么风吹草动，那么局面将很难控制。

　　所以，很多人都说是皇帝伪造了一份假遗诏，拿太祖吓唬几位叔叔，让他们都乖乖地留在了各自的封地。

可怕的叔叔们

虽说当上了皇帝，可朱允炆这龙椅坐得一点都不安心。为啥呢？因为他总在担心那几个可怕的叔叔！尤其是他的四叔——燕王。

记得皇上还是皇太孙的时候，有一次出行，太祖看见微风吹动马的尾巴——别看太祖是个大老粗，可也爱写两笔歪诗，于是出了个上联"风吹马尾千条线"，想考考身边的皇子皇孙们。

皇太孙马上对了个下联"雨打羊毛一片毡"。

按说呢，对的确实还不错，很工整，太祖听后也满意地点了点头。可就在这时，燕王也对了个下联，这个下联一出，一下子就夺走了皇太孙的风头。燕王对的是——

"日照龙鳞万点金！"

瞧瞧这下联，真是大气磅礴，有帝王之气啊！皇太孙立即灰头土脸地低下了头，从此，燕王就像一团大大的阴影，一直笼罩着他。现在，燕王在北平手握重兵，威震天下，如果他起来反对自己，那该如何是好呢？

叱咤风云

而且，除了四叔，还有个可怕的十七叔——宁王朱权。

说起宁王，他的智谋可能不如燕王，但他的军事实力绝对比燕王还要高出一筹。原因很简单，宁王的麾下有一支战斗力极为强悍的军队——朵颜三卫。

注意，这个"三卫"可不是指三个人，而是三支卫队。那么，朵颜三卫这支军队为什么会如此强大呢？

原来，朵颜三卫是蒙古骑兵，说白了，其是三支"快速纵队"！大家都知道，蒙古骑兵是非常凶悍的，打仗时，这些蒙古骑手兵骑着快马，拿着弯刀，风驰电掣，所向无敌。元朝灭亡后，蒙古人被赶到了长城以北，但也有一部分官兵投降了明朝。宁王手下，就花重金养着这样三支蒙古骑兵。可以说，一提起朵颜三卫，每个人都会吓得腿发抖。

而宁王本人呢，也是非常蛮横，打起仗来就像勇猛的张飞，杀人不眨眼，砍头像切菜，在这些藩王里，那是一流的狠角色。

一想起自己这个十七叔，皇上也是十分头疼。

这是最厉害的两个叔叔，这还没完呢，还有辽王、谷王、代王、晋王、秦王等一大堆叔叔，这些叔叔们哪一个都不是省油的灯。

想起这些，这个只有二十一岁的少年天子心中能不忧虑吗？

嘻哈园　XIHA YUAN

先发制人，开始削藩

叔叔们实力强劲，那么，皇上身边都有哪些帮手呢？

皇上手下有两位重要的谋士，一个叫齐泰，另一个叫黄子澄。这两位大臣都是饱读诗书之人，学问都不小。但是，他们有一个共同特征，那就是都是那种纸上谈兵的"书呆子"。

齐、黄二人在对这些皇叔们进行了一番分析后，向皇上谏言道："陛下啊，俗话说先下手为强，后下手遭殃，咱们应该立即采取行动，这样才能占据主动位置啊！"

皇上听后，觉得他们的话很有道理，于是，立即做出一个大胆的决定——先发制人，开始削藩。所谓"削藩"，就是削减甚至剥夺藩王的权力，把他们的权力收归中央。

一番商讨之后，他们决定先拿周王开刀。那么，为什么他们偏偏选中了周王呢？原因有以下两点。

首先，周王比较弱，远远比不上燕王、宁王等人，柿子肯定先拣软的捏嘛。

其次，周王和燕王是同一个妈生的亲兄弟。既然燕王暂时还不敢动，那就先动你的同母兄弟，震慑震慑你！

你说说，摊上燕王这个兄弟，周王多倒霉啊！

周王确实没什么实力，很快，皇上就用计把他抓了起来。先是发配到云南，然后又抓回来关进监狱，总之，周王这辈子算是完蛋了。

叱咤风云 CHIZHA FENGYUN

紧接着,在这一年的年底,他又把代王给收拾了。然后第二年五月,也就是公元1399年,岷王也遭了难,被贬成了普通老百姓。

要说这朱允炆也够狠的,要知道,这时他才刚刚登基没多久,皇帝的位子还没坐热呢,就对叔叔们动手了。

朱允炆一看,计划进行得很顺利,心里美滋滋的,又以"私印钞票"的罪名,把矛头对准了湘王。

湘王呢,其实也不是什么坏人,对皇位也没什么企图。湘王一看,皇帝的军队来收拾自己了,心里觉得很委屈,气愤地大叫道:"哼,本王是高皇帝的儿子,绝不能为了苟且求生,被你们这些人侮辱!"

然后,这位倔强的湘王拒绝被官兵逮捕,而是关起门来,放了一把火——自焚了。

那么,当侄子率先行动、开始削藩后,叔叔燕王又会采取什么样的应对措施呢?

鸿雁传书

要造反，先办个养鸡场

穿穿老师：

您好，眼下的情况您大概也知道了。皇上削藩削得厉害，本王心里清楚，那都是杀鸡给我这个猴看。一旦这个侄子皇帝对本王动起手来，那本王就只有一条路可走——造反。

可是，要造反就要有武器。本王现在找来一大帮工匠，并把他们关在深宅大院里，悄悄地打造兵器。

可问题来了，这打造兵器的动静实在太大了，一天到晚叮叮咣咣响个不停，万一有人路过听到，肯定会起疑心。这该怎么办呢？

燕王 朱棣

尊敬的燕王殿下：

您好！殿下这个问题，实在是让小民为难。明知殿下要造反，却还要帮殿下出谋划策，要是让皇上知道，岂不是会要了小民的脑袋吗？

不过，既然殿下问了小民，那就是信任小民。小民不妨给您出个主意。既然声音大，为何不制造出更大的声音呢？比如，养一群鸡什么的，这样，人们路过的时候，就只能听见一片"喔喔喔""咯咯咯"的鸡叫声。谁还会留意其他的声音是什么呢？

唉，殿下不能再说下去了，再说下去，小民小命不保啊！祝您好运吧！

《穿越报》编辑 穿穿

【之后，燕王在王府周围办了个养鸡场，在鸡鸣的掩护下，日夜不停地打造兵器，为造反做准备。】

百姓茶馆
BAIXING CHAGUAN

燕王来南京转了一圈

哎呀！你们听说没有，燕王来南京了！新皇帝上任，按规矩来讲，藩王们是该入朝参拜的，但皇上最近正在收拾这帮叔叔呢，他还敢自己送上门来，胆子真够大的！

铁匠老李

皇宫侍卫高某

岂止厉害，简直是嚣张啊！他入宫时，走的是中间的皇道，见了皇上，也没有跪拜，只是简单地行了个礼！这分明是不把皇上放在眼里嘛！

别说了，皇上都气坏了。很多大臣也非常生气，特别是那个卓敬卓大人，三番五次劝皇上趁这个机会，把燕王抓起来。可皇上就是没动静，气得他直拍桌子。

皇宫侍卫李某

鞋匠孙老头

皇上还是心太软，又没有合适的理由，下不了手啊！

那么多藩王都抓了，怎么就不敢抓这个燕王呢！你们等着瞧吧，这次让燕王大摇大摆地走了，下次想抓他就难了。

张员外

名人有约

MINGREN YOU YUE

越越 大嘴记者

燕王朱棣 特约嘉宾

嘉宾简介：他生于战火时，长于战场上，见惯了腥风血雨，听惯了呐喊厮杀。父亲的冷淡让他学会了隐忍和坚强，苦寒的边塞磨砺了他的身心，雪夜征战让他成长为优秀的将领。他就是雄踞北平、虎视天下的燕王——朱棣！

越　越：殿下您好，很高兴您能接受这次采访！殿下的病好点没？

燕　王：（得意）本王这病嘛，想好随时能好，哈哈！不过是骗骗本王那个笨蛋侄子罢了。

越　越：原来殿下真的是装病啊，装得太像了，我看殿下有当演员的潜质，简直都能获奥斯卡金像奖了！

燕　王：(疑惑)奥斯卡是个什么东西？

越　越：啊，说了殿下也不懂。（急忙岔开话题）既然提到殿下的侄子了，那殿下对他当皇帝怎么看？

燕　王：（撇撇嘴）哼，说实话，本王挺不服气的。要知道，父皇驾崩时，我大哥二哥三哥都已经因病去世了，我虽然是老四，但当时实际上已经是老大了。父皇如果把皇位传给我，那也是符合法定程序的。谁知父皇还真是偏心啊，愣是把皇位传给了本王那个乳臭未干的侄子。你说说，本王心里能平衡吗？

越　越：嗯，殿下的心情小民完全可以理解。可皇上毕竟是先皇亲自指定的继承人。咱们还是得听爹的话呀！

燕　王：当着父皇的面，本王肯定不会对他怎么着。不过他被封为皇太孙后，有一次，本王见了他，就过去拍了拍这小子的肩膀说，'你小子也有今天啊！'结果呢，这小子很害怕……

名人有约 MINGREN YOU YUE

越越：是不是拍得太重了，把皇上吓着了？

燕王：不知道。但这事恰好被父皇看见了，就责备本王，问本王在干吗呢……

越越：（插话）那孙子一定会在爷爷面前打小报告，告殿下一状吧？

燕王：哼，这小子很怕本王，哪敢啊，他对我父皇说，'四叔和我在这玩呢。'这件事就这样被蒙混过去了。

越越：皇上怕您吗？我怎么不觉得，现在他四处削藩，矛头正对准殿下您呢！殿下怕吗？

燕王：哼，本王会怕他？真是笑话！就算他是皇上，可以指挥天下军马，本王也不把他放在眼里。本王现在是在等待时机。他不动的话，本王就静观其变，他一动，本王就随机而动，大不了和他打一仗！

越越：那这不是要造反的节奏吗？

燕王：唉，没办法，要保命也就只能这样了。

越越：可是，这样做名不正言不顺，是不得民心的啊！老百姓不会支持您的。

燕王：本王会给大家一个交代的。之前，父皇说过这样的话，如果朝廷奸臣当道，亲王就可以起兵，帮皇帝铲除奸臣。现在皇帝一个劲地削藩，其实都不是他的本意，而是身边有奸臣唆使，才搞得我们叔侄反目的。

越越：也就是说，殿下现在起兵，不是造反，而是帮皇帝清除身边的奸臣？

燕王：嗯，"奉天靖难"（编者注：其意为奉上天的指示，帮国家渡过难关）！侄子年纪小，本王有义务帮他这个忙。

越越："奉天靖难"这个口号够漂亮，也够响亮！可以给殿下拉来不少支持者啊！

燕王：那是自然。本王可没那么傻，直接赤裸裸地说自己要造反，把自己往火坑里堆。

越越：不管怎样，你们反目，是大家都不愿意看到的，希望你们能尽快消除矛盾，让国家早日走上正轨吧。今天的采访就到这里，下次我们再聊。

广告铺

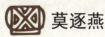 莫逐燕

莫逐燕,
逐燕燕高飞,
高飞上帝畿(jī)。

民间歌谣

(编者注:其大概意思为不要去捉燕子,如果你捉燕子,燕子就会高飞,就会飞到皇帝的屋顶上。)

逮捕令

因湘王朱柏私自印制钞票,破坏国家金融,现特命李景隆带兵火速前往,务必将其逮捕归案。

朱允炆

将燕王赶到南昌去

燕王雄才大略,和先帝朱元璋有共同的优点。北平人杰地灵,兵马强壮,当年金朝、元朝都是在这个地方发迹的。现在,应该让燕王离开北平,去镇守南昌。只有这样,才能更好地控制他。

户部侍郎卓敬

给朱允炆的信

周王有些事情确实做得不对,但咱们毕竟都是一家人,血浓于水,你应该念骨肉之情,多多包容他。

燕王

智者为王 ZHIZHE WEI WANG

第 1 关

智者无敌　王者为大

1. 朱棣是哪一年出生的？
2. 朱棣是朱元璋的第几个儿子？
3. 朱元璋是根据什么规律来给儿子们起名字的？
4. 公元1367年，朱元璋登基做皇帝，他立了谁当太子？
5. 朱标的老师是谁？
6. 朱棣被封为燕王，他的封地在哪里？
7. 朱棣的妻子徐氏是谁的女儿？
8. 朱元璋滥杀开国功臣，边防重镇缺少大将镇守，为解决这个问题，朱元璋采取了一个重要的措施，是什么呢？
9. 丞相制度是被哪个皇帝废除的？
10. 太子去世后，朱元璋是如何处理接班人问题的？
11. 有一位著名的和尚，他是朱棣的重要谋士，这个人是谁？
12. 朱元璋是哪一年去世的？他的年号是什么？
13. 宁王麾下有三支精锐的蒙古骑兵，这三支骑兵的名字叫什么？
14. 朱允炆开始削藩后，第一个被夺了权的藩王是谁？
15. 朱棣为什么在燕王府附近办养鸡场？

穿越报
CHUANYUE BAO

第 4 期
公元1399年——公元1401年

靖难兵变
朱棣 著

【烽火快报】
- 燕王疯了！

【叱咤风云】
- 燕王的救命恩人
- 燕王造反，屋顶的瓦片被刮落
- 姜还是老的辣
- 兄弟"情深"，要反一起反

【名人有约】
- 特约嘉宾：建文帝朱允炆

【广告铺】
- 平分天下承诺书
- 军前训话
- 赐名郑和
- 哀悼大将张玉

穿越必读 CHUANYUE BIDU

在经历过一系列的暗斗后，叔侄俩终于忍不住了，他们揭开了彼此的面纱，彻底决裂。燕王打出"奉天靖难"的口号，一场为期四年的战争开始了……

烽火快报 FENGHUO KUAIBAO

燕王疯了!
——来自北平的加急快报

来自北平的加急快报!

最近,一条惊人的消息在北平城里传开了——燕王疯了!很多人都亲眼看见,燕王在大街上大喊大叫,还抢别人的东西吃,要是跑累了,也不嫌地上脏,躺倒就睡,一睡就是几天。更让人好笑的是,大热天,大家都满头大汗,燕王却穿着大棉袄,裹着厚厚的被子,坐在一个火堆前烤火,嘴里还不停地嘟囔着:"好冷啊,好冷啊……"你说,这不是疯子是什么?

当然,我们的记者不信这个邪,悄悄地跑到燕王府去打探了一下,结果燕王根本没病,只是在装疯,其目的只有一个——迷惑皇上。

消息一传十,十传百,很快就传到了南京城,传到了建文帝的耳朵里。他马上把齐泰与黄子澄找来,问他们该拿燕王怎么办?

黄子澄说:"先发者制人,后发者制于人,陛下咱们要先下手为强啊!"

建文帝说:"朕才刚即位,就削了这么多藩王,要是再削了燕王,该怎么向天下人解释呢?"

唉,矛头明明对准的是燕王,可关键时刻却下不了决心,看来,这个侄子和叔叔之间,有一场大戏快要上演了!

燕王的救命恩人

犹豫再三，建文帝终于下定决心，让兵部尚书齐泰下了道加急令，让人去把燕王抓起来。奉命逮捕燕王的人是北平都指挥使张信。张信接到命令后，十分犹豫，因为这个职位，是当初燕王亲自指定让他做的；可是皇帝下的命令，他又不得不从，该怎么办呢？

这时，他的母亲知道了这件事，大惊道："听说燕王是真命天子，你可千万不要去抓他，给自己带来祸端啊！"张信想了想，当即做出决定，前往燕王府通风报信。可是，令他意外的是，连续三次燕王都拒绝见客。这也难怪，万一是有人来打探情报呢？

张信知道后，并不气馁。他想了个办法，给自己换了个装，终于混进府中，见到了燕王。当然，他见到的燕王和别人见到的没有两样。见燕王还在装疯，张信急了，说道："殿下，您别这样了，我有重要的事情要说！"燕王不理他。

张信没有办法，只好大声说道："现在皇上已经给我下了命令，让我来抓您，您就不要再瞒我了！"

这话一说出口，吓得燕王从床上一跃而起，也不装疯了，当即向张信跪拜道："谢谢您，是您救了我全家啊！"之后，他立刻把将士们召集起来，商量对策。

叱咤风云 CHIZHA FENGYUN

燕王造反，屋顶的瓦片被刮落

公元1399年八月，在炎炎烈日下，突然炸响了一声巨雷——燕王造反了！

据知情人士透露，这次事件的导火索是皇上命两位将军率兵包围了燕王府，把燕王的部下抓了起来。可是，打狗还要看主人呢，燕王怎么会袖手旁观呢？

燕王把两位将军骗进了燕王府，请两人吃西瓜。这两人傻呵呵地正准备吃，燕王却把西瓜"啪"的一声摔在了地上，大叫道："连普通老百姓都很珍惜骨肉亲情，而我现在是天子的叔叔，却要为自己的性命担忧。现在，我忍无可忍了，我燕王要反了！"

你还别说，燕王摔瓜为号，比小说里的摔杯为号还管用，埋伏在四周的刀斧手马上冲了出来，当即把两位将军砍了。

燕王既然敢斩杀朝廷命官，这表示叔叔与侄子已经彻底决裂了。

其实，早在杀掉两位将军的一个月

叱咤风云

之前，燕王已经做好了造反的准备。不但如此，他还开了誓师大会，亲自给士兵们做了一番演讲。

那天，燕王把自己的亲信都召集在一起，慷慨激昂地给他们讲自己的造反计划。

但是，就在这时候，突然发生了一件事，一下子让燕王的脸色阴沉下来。

原来，就在燕王讲话的时候，天空突然阴云密布，刮起大风来。当时天昏地暗，就像末日来临一样。这风实在太大了，把屋顶的瓦片都刮了下来，人们都吓得脸色苍白。

这难道是不祥之兆吗？

将士们本来热血沸腾，可一下子变得垂头丧气起来。这时，有个人突然站了出来，没错，又是那个道衍，他大声对燕王说："大王，现在瓦片落地，这是吉兆啊，连老天爷都认为您屋顶的瓦片旧了，应该换成黄色的琉璃瓦啦，可喜可贺！"

要知道，大明朝有严格的规定，只有皇帝的屋顶才可以用黄色琉璃瓦。道衍和尚的这一番话，一下子让大家转忧为喜，重新振奋起来。

看来真是吉兆！

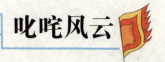

姜还是老的辣

听说燕王打着"奉天靖难"的口号开始造反，建文帝气得鼻子都歪了——我这边皇帝当得好好的，谁需要你燕王来靖难啊！于是，二话不说，命老将耿炳文率兵讨伐燕王。

可是，耿炳文一到前线，就被燕王打败了。

看耿炳文不中用，建文帝就换了位叫李景隆的主帅。李景隆是个典型的纨绔子弟，不懂兵法又妄自尊大。他一上任，就收集了耿炳文的残余部队，调集五十万军马，开进了河间（今河北省河间市）。

燕王知道后，笑着对部下说："你们瞧，李景隆军中尽是乌合之众，兵将又不能适应北平的霜雪气候，现贸然深入敌境，求胜心切却智谋不足。这小子不被咱们打得屁滚尿流才怪呢！"当然，这么多兵，也不能等闲视之。为了诱敌深入，燕王决定离开北平，让儿子朱高炽留守，并交代他说："李景隆来了，你只准守，不准攻。"

话说姜还是老的辣。李景隆听说朱棣走了，便直奔北平城下。见卢沟桥没有守兵，还得意洋洋地说："连这座桥也不守，朱棣真是个糊涂虫。"

可是，朱高炽派人连夜往城墙上泼水，天冷结冰后，城墙又湿又滑，李景隆根本无法攀城进攻。就这样，李景隆的五十万大军被挡在了北平城外。

叱咤风云 CHIZHA FENGYUN

兄弟"情深",要反一起反

当李景隆的大队人马围困北平的时候,燕王自己悄悄去了另外一个地方——宁王府。

宁王朱权是太祖的十七子,也是一位实力雄厚的藩王。燕王为什么找他呢?因为他手中有一支极厉害的军队——朵颜三卫。

为了不让宁王起疑心,燕王把带来的随从都留在了城外,自己单人单骑去见宁王。

这时,宁王的心情也很复杂,皇上一直在削藩,他这边也有点吃不消。兄弟两人一见面,啥也没说,直接抱头痛哭起来。

哭完后,宁王还摆出好酒好菜,款待自己的四哥。燕王呢,对北平的战事只字不提,只是和宁王"兄弟长兄弟短"地唠家常,弄得宁王心里热乎乎的。

住了几天后,燕王对宁王说:"兄弟啊,感谢你的招待,北平那边事很多,我该走了。"

宁王就拉着燕王的手说:"四哥啊,那我去送送你。"

送行的仪式在郊外举行。临别之际,宁王又对燕王说:"四

叱咤风云

哥，听说你们那边在打仗，我也没帮上你什么忙，唉，心里怪难过的。"

这时，燕王一把拉住宁王，笑着说："兄弟，谁说你帮不上我的忙呢？把你的人马给我吧，咱兄弟俩一起造反吧！"

宁王一听，大吃一惊，还没来得及反应，四周伏兵四起，把他重重包围了。这样一来，宁王城中就是有再多兵马，也无济于事了。

到了这地步，宁王只好同意，乖乖把朵颜三卫交给了燕王。

百姓茶馆 BAIXING CHAGUAN

突如其来的大风

听说燕王带领朵颜三卫赶回北平,在郑村坝大败李景隆,把李景隆的胆子都吓破了!

卖花生的老张

不只是朵颜三卫的功劳吧?关键是老天给力,那李景隆后来不是派人包围了燕王吗?突然不知从哪刮来一阵大风,直接就刮断了李景隆的帅旗!燕军趁机放了一把火,李景隆那边招架不住,最后只好溜了。

李秀才

更好笑的是,这李景隆逃回去之后,居然骗皇上说自己打了胜仗。皇上信以为真,重赏了他,之后又派他出征,结果十万将士统统一去不复返!唉!

卖西瓜的王老汉

听大人说,就这个人坏了皇上的大事,要皇上严惩他。可是皇上却不忍心,只是贬了他的职。唉,皇上这么糊涂,又这么心软,怎么能成大事呢?你们看着吧,将来这皇帝的宝座到底是谁的,还真不好说呢!

赵秀才

该死的木牌

穿穿老师：

　　你好。本来打败李景隆之后，本王心情挺好的。可现在又出现了一件烦心事。济南一个叫铁铉（xuàn）的不起眼的小人物，竟然挡住了本王大军的去路！

　　本王率兵攻了很多次，这个铁铉一直拼死坚守。本王一时拿他没办法，只好使出绝招——调动大炮攻城！

　　本以为这次肯定没问题了，结果第二天到城前一看，本王差点没晕过去！你猜怎么了？城墙四周挂了十几个木牌子，上面写着几个大字——"大明太祖高皇帝神牌"！

　　这下谁还敢开炮呢？居然拿父皇的牌位将了本王一军，气死本王了！

燕王　朱棣

燕王殿下：

　　您好，您这次没有开炮是十分明智的。

　　虽然人人都知道，那些木牌是拿来吓唬人的，但上面毕竟有先皇的名字。殿下打出的口号是"奉天靖难"，是"清君侧"，这给殿下带来了不少支持的力量。

　　但如果殿下公然向先皇的牌位开炮，就会被别人说成"大不敬"，使自己陷于被动！

　　至于打仗方面，草民只是个小编辑，实在给不了殿下什么好建议，只能祝殿下一切顺利！

《穿越报》编辑　穿穿

【不久后，燕王从济南退兵，铁铉乘机收复了德州。紧接着，明军又取得东昌大捷，燕军损失惨重，双方战争进入短暂的僵持阶段。】

名人有约 MINGREN YOU YUE

 越越 大嘴记者

建文帝朱允炆 特约嘉宾

嘉宾简介：他生于皇家，长于深宫，性格柔弱，慈悲为怀，却常常被人诟病没有帝王之势。他就是明朝第二位皇帝、风度翩翩的少年天子——朱允炆！

越　越：皇上，感谢您能抽出宝贵的时间，接受草民的采访！

建文帝：（愁眉不展）唉，朕的四叔闹成这样，估计朕这个皇帝的位子也坐不了几天了。

越　越：越是这样，越要振作起来，要赶紧招人平叛！

建文帝：唉，功臣都被皇爷爷杀光了，朕手下没有可用之人啊。而且，朕的四叔从小就跟着皇爷爷南征北战，朕哪是他的对手，就算朕的皇爷爷在世，大概也不是他的对手。

越　越：燕王确实厉害，不过陛下也有陛下的长处啊，温文尔雅、脾气温和、宅心仁厚……

建文帝：唉，可是当皇帝光凭这些是远远不够的。在那些强悍的叔叔面前，朕不过是个啥也不懂的书呆子。

越　越：那陛下为什么还要惹他们呢？

建文帝：老实说，朕也不希望叔侄反目。但这也是没有办法的事情啊，既然朕做了皇帝，就要维护天下的安宁。各藩王的力量实在太强大了，不能不防。

越　越：但燕王英勇善战，据说与陛下交战的这两三年来，他总是处于上风，陛下有信心战胜他吗？

建文帝：那就看老天吧，朕最坏的打算就是把皇位让给他，使百姓免遭流血与牺牲。

越　越：陛下要真为百姓着想，就

名人有约

应该杀了那个李景隆！

建文帝：用这个李景隆确实是朕的脑袋进水。朕本来想，他是名将李文忠的儿子，总会有点他老爹的遗传基因吧。结果，他是打一仗败一仗啊，他老爹如果知道，都会觉得丢人吧！

越　越：小民觉得很奇怪，他怎么这么容易就让几十万大军败得这么惨，他会不会是个内奸啊？

建文帝：不可能，他是朕的亲戚，怎么会背叛我呢？

越　越：是陛下的亲戚，可也同样是燕王的亲戚啊！而且燕王和他去世的父亲李文忠的关系很好噢！

建文帝：如果他是内奸的话，朕也认了。他打了败仗已经够伤心的了，朕怎么能落井下石呢！而且杀掉他也没有多大用处，养着他也不过是多费点粮食，何必一定要置他于死地呢？

越　越：（半天说不出话来）那朱棣也是陛下的亲戚，还是陛下的皇叔呢！

建文帝：身为天子，要爱护百姓。朕已经下旨，打仗的时候不可以伤害朕的叔叔。

越　越：（瞠目结舌）难怪燕王敢在你们大军前大摇大摆地走来走去，原来有陛下您在后面给他撑腰啊！

建文帝：朕总不能在祭祀的时候告诉皇爷爷，您的孙子杀害了您的儿子吧？

越　越：唉，陛下，您给您的敌人穿上了这么结实的防弹衣，敌人不把您打得落花流水才怪……

建文帝：如果是这样，朕也认命了！

越　越：那陛下知道吗？从燕王起兵的那一刻，你们两个就都没有回头路了！只有一个人能活着，不是你就是他！一旦陛下的宝座被夺走，陛下也就没命了！

建文帝：其实拥有天下又怎么样呢？还不是孤家寡人一个，从坐上皇位的那一天起，就要防大臣、防藩王，还要防亲人，太累了。

越　越：那如果陛下是这么想的话，一切都听天由命吧！咱们这期的节目到此为止，再见！

建文帝：这么急着赶朕走？朕的话还没说完呢……

广告铺

平分天下承诺书

当今朝廷奸佞当道,皇上糊涂,居然削了这么多藩王。本王不愿坐着等死,现邀请宁王一起起兵,奉天靖难。将来事成之后,本王愿意与他平分天下。

燕王朱棣

军前训话

将士们,我相信你们都不是贪生怕死之辈。燕王虽然很厉害,但如果我们一味死守城池,任他来回驰骋,何日方休!

我请大家同心协力,与其决一死战,虽然胜负难料,但我们的忠义一定会留名青史!

盛庸

赐名郑和

由于马三宝在郑村坝一战中立有大功,为表嘉奖,特赐其姓"郑",名"和"。

燕王朱棣

哀悼大将张玉

呜呼哀哉!在这次战斗中,大将张玉不幸阵亡。现令三军戴孝,为张玉将军举行隆重的葬礼。本王也将烧掉自己的一件衣服,以示沉痛哀悼。

燕王朱棣

穿越报
CHUANYUE BAO

第 5 期
公元1401年—公元1402年

皇帝的一把火

朱棣篇

【烽火快报】
- 从北平打到京城，可能吗？

【叱咤风云】
- 豁出一切，向京师开进！
- 南京失陷了
- 皇上放了一把火

【名人有约】
- 特约嘉宾：解缙

【广告铺】
- 拿鞋子不给钱，斩！
- 罪己诏
- 揭发奸臣有赏

穿越必读 CHUANYUE BIDU

燕王的军队一路南下，兵临南京。南京城破后，皇宫中燃起了大火，建文帝下落不明。而燕王终于如愿以偿地登上了皇帝的宝座。

烽火快报 FENGHUO KUAIBAO

从北平打到京城，可能吗？
——来自南京城的加急快报

来自南京城的加急快报！

时间过得飞快，一眨眼就到了公元1401年的岁末。距离燕王起兵的时间，已经过去三年多了。

在这几年里，燕王与朝廷之间的战争不断，各有胜负。随着时间的流逝，燕王变得越来越焦虑了。

毕竟，整个天下都属于侄子的势力范围，而自己呢，仅仅拥有北方很小一部分领地，实力肯定不如对方。如果这样长久地耗下去，肯定是非常不利的。

就在这时，一个重要的消息从南京城传了过来。由于全力对付燕王，现在京师的兵力十分空虚。

也就是说，如果此刻燕王能够乘虚而入，帝位指日可待。

这原本是个好消息。然而，燕王听了却高兴不起来，因为他现在正在北平，从北平打到京城去，中间又有个山东，有那么多能人猛将把守，怎么可能过得去？

难道，就这么让好机会从身边溜走吗？

CHIZHA FENGYUN 叱咤风云

豁出一切,向京师开进!

得到这个好消息却不能利用,燕王很生气。

就在这关键时刻,道衍和尚再一次站了出来,不慌不忙地对燕王说:"其实我们的目标只有一个,那就是南京!以前我们总是一步一步往南边打,才打到山东就已经精疲力尽了,这怎么能行呢?"

燕王问:"那你说该怎么打?"

道衍说:"我们没必要打消耗战,能绕道就绕道,用最快的速度,一路向南,直逼南京!"

燕王茅塞顿开,对呀,就这么干!

第二年一开始,燕王又一次踏上了征程。

燕王一发兵,镇守山东的朝廷大将盛庸、平安等人就开始忙活起来,又是练兵,又是防守。

但是这一次,燕王跟他们开了个玩笑——山东德州、济南等地不是很难攻破吗?那我不打了!哪

叱咤风云 CHIZHA FENGYUN

里薄弱，我就从哪走，哪里离南京近，我就从哪走！

不过，燕王在徐州也遇到了顽强抵抗。这次他学聪明了，一看徐州很难打，便立刻掉转队伍，向宿州进发。

山东那边的守将盛庸、平安等人一看都大吃一惊——燕王绕道急行，不顾一切地向前进发，意图已经非常明显了，他想直取南京！

于是，平安率军向燕王追去。谁知，燕王早有防备，在一次夜袭中，大败平安。

就在平安要溃败时，一支援军突然钻了出来，狠狠地给了燕王几下。这支援军的统领者叫徐辉祖，而且，他还有一个特殊的身份，那就是燕王之妻徐王妃的哥哥。

这一战，打得燕王满地找牙，狼狈不堪。双方再度陷入了僵局。眼看胜利又要化成泡影，燕军的将士们纷纷要求撤退。但燕王却坚定地说："这次只能战，不能退！"

就在两军相持不下的时候，从京城传来一个消息，因为怕徐辉祖因亲戚关系向燕王投降，建文帝以"京城不能没有守军"为由，调回了徐辉祖，削了他的兵权。

燕王听了，大喜过望，现在，再也没有人能阻挡燕王前进的步伐了！

徐辉祖一走，他就带领军队一路打到了南京城下。

嘻哈园

鸿雁传书 HONGYAN CHUAN SHU

分给叔叔一块地，行吗？

穿穿老师：

你好。现在叔叔已经拿下扬州，很快就打到京师了。可眼下，齐泰和黄子澄都跑到外面去募兵了，只有方孝孺一个聪明人留在朕的身边。

现在，方孝孺给朕出了个主意，让朕一边号召天下勤王，另一边派人去和叔叔谈判，表示愿意割让土地给他，以争取时间。

事已至此，朕的脑袋里是一团乱麻，也想不出更好的办法了。你觉得这个办法行得通吗？

大明天子 朱允炆

陛下：

您好。直到现在，陛下还在叫他叔叔，唉，小民真是无语了。

从学问方面来讲，小民很佩服方大人，他确实是颗"读书种子"，但现在燕王都已经打到陛下鼻子底下来了，怎么还来得及叫救兵呢？

至于谈判，小民劝陛下还是死了这条心吧！燕王贵为一个王爷，放着锦衣玉食的日子不过，偏要冒死造反，这说明，他想要的不仅仅只是一小块土地，而是陛下的整个天下！

当然，现在跟陛下说这个已经晚了。希望陛下保重性命，不要想不开啊！

《穿越报》编辑 穿穿

叱咤风云

南京失陷了

公元1402年七月，南京失陷了。

按说，南京城墙是非常坚固的，城中又有十万左右的朝廷守军，怎么这么轻易就失陷了呢？

俗话说得好，坚固的堡垒往往都是从内部攻破的。这次也一样，据知情人士透露，南京城中出现了内奸。

内奸到底是谁呢？一个是燕王的弟弟谷王朱橞，还有一个，相信大家一定已经猜出来了，那就是李景隆！

这两人偷偷地打开了南京的金川门，将燕王大军迎进了城，南京就这样轻而易举地被"攻"破了。

但是，燕王的军队只是进入了南京的外城，因为燕王下了一道命令——全队驻扎在龙江驿，不准攻击皇宫所在的内城！

为什么不去攻打内城呢？据知情人透露，燕王的想法是这样的——围住内城，主要是给朱允炆施加压力，最后的结果无非有两种情况：一、朱允炆主动投降；二、朱允炆自杀。

燕王的想法能得逞吗？让我们进一步关注事态的发展！

叱咤风云 CHIZHA FENGYUN

皇上放了一把火

就在燕王打着自己的小算盘时，突然传来了急报："皇宫着火了！皇宫着火了！"

燕王一听，大吃一惊，抬头向内城望去，只见那里浓烟滚滚，火光冲天！

这下燕王慌了，他大喊一声："快去救火！"燕军立刻一拥而上，闯进了内城。

燕王一边组织救火，一边催促部下："快去寻找皇上，快去寻找皇上，活要见人，死要见尸！"

经过一番救援后，大火终于扑灭了。

不久后，有人从废墟中找到三具尸体。可是，由于大火焚烧，尸体已经面目全非，不能辨认出是谁了。

尽管有太监出来指证说，这把火是皇上放的，这三具尸体分别就是皇上、皇后和皇长子。但谁也不知道这三具面目全非的尸体中究竟有没有皇上。

就在大家议论纷纷的时候，燕王突然扑倒在其中的一具尸体上，大哭道："皇上啊，你死得好惨啊，我带兵前来，只是帮你铲除奸臣的，你又何苦自寻短见呢！"围观的人面面相觑。

好了，燕王这一哭，就等于当众宣布这就是皇上的尸体！他已经被火烧死了！

一场为期四年的靖难之役，以建文帝的死而告终。

百姓茶馆

BAIXING CHAGUAN

皇上到底是死是活？

御医史太医：燕王怎么这么厉害？连我们都判断不出来，他怎么仅仅凭借三具无法辨认的尸体，就断定其中有皇上呢？

太监桂公公：你傻啊，这是燕王最不愿意看到的局面——要知道，燕王起兵，是打着帮皇帝铲除身边奸臣的旗号，而不是铲除皇帝。一旦皇上下落不明，该如何跟天下人解释呢？更要命的是，万一皇上逃了，号召天下反对燕王，燕王不是吃不了兜着走吗？所以，皇上不死也得死，假死也得真死。

茶叶店王掌柜：我听说太祖去世前给皇上留下一个宝盒，让他在危急的时候打开。皇上想寻死的时候，就打开了宝盒，里面居然有如何从皇宫逃出去的地图。皇上就装扮成和尚，从皇宫的地道逃跑了。

侍卫高某某：你们别在这胡说了，燕王说皇上死了，那他就是死了。至于他到底是生是死，有那么重要吗？重要的是现在已经改天换地了，你们在这撒播谣言，小心你们的项上人头！

名人有约 MINGREN YOU YUE

解缙 特约嘉宾

越越 大嘴记者

嘉宾简介：他出身书香门第，十八岁就夺得乡试的第一名，十九岁便考中进士。他满腹经纶、才华横溢，在诗歌、散文、书法等多个文学艺术领域都取得了卓越的成就。他就是所有读书人羡慕和敬佩的对像，赫赫有名的大明第一大才子——解缙！

越　越：解大人，很多人说您从小就被称为"神童"，七岁就会写文章诗词了，真是厉害啊！

解　缙：（不以为然）这不算什么吧？

越　越：据说高皇帝很喜欢您，是因为您很有才华吗？

解　缙：应该是，我考中进士的时候，高皇帝还亲自接见了我。

越　越：待遇不错啊，后来就青云直上、一路高升了？

解　缙：唉，后来因为宰相胡惟庸一案，很多人被牵连进去。我就连夜写了封万言书，对高皇帝进行了批评。

越　越：（掩口）啊，那么多人不敢吭声，您吃了熊心豹子胆了，居然敢说高皇帝的不是？

解　缙：那有什么，高皇帝看了之后，不但没生气，还夸我写得好，所有人都对我刮目相看呢。

越　越：那高皇帝确实是很欣赏您啊！

解　缙：唉，可惜我年少轻狂不懂事，见高皇帝欣赏我，就来劲了，老给他提意见，结果他一生气，就把我赶回了老家，说十年以后，再让我入朝做官。

越　越：十年？这也太长了吧！那您后悔吗？

解　缙：后悔啊，相当地后悔！我仗义执言，却落得如此下场，那些溜须拍马的人却混得比我好，凭什么啊？

越　越：这事错不在您，只是高皇帝不是李世民，没有李世民的胸怀罢了。

解　缙：所以做好官，上面还得有个

名人有约

好老板。没有好老板,下级做得再好都没用!

越越:那现在的皇上是不是好老板呢?

解缙:我就说一件事吧,高皇帝死的时候,我去京城吊丧,皇上竟然听信谗言,说我不孝,将我贬了职,你说他是不是好老板呢?

越越:那燕王殿下是不是好老板呢?

解缙:殿下连宁王那么猛的人都能抓过去跟他一起干,是个当老板的好材料!

越越:怪不得大人是第一个迎燕王进城的人,作为皇上身边的近臣,大人这样做,不怕被人耻笑吗?

解缙:良禽择木而栖。我也是将他们两个反复比较了一下,才这样选择的。不止我,包括好朋友胡广也选择了燕王。

越越:噢,在这之前,胡大人和您不是都表示要与燕王决裂、以身殉国呢?

解缙:(脸红)此一时彼一时,当时不还是皇上的天下吗?我和我的朋友们也是迫不得已才那样说,识时务者为俊杰嘛。

越越:您的朋友们都有谁?

解缙:嗯,除了胡广,还有王艮(gèn)。王艮与我都是江西吉安府人,我们是老乡。别看别人说我有才,他们两个比我更厉害呢!当年科举考试,胡广是状元,王艮是榜眼,我们曾经都是建文帝身边最亲近的人。

越越:噢,那王艮王大人呢,他也选择了燕王?

解缙:唉,那个书呆子,他跟我当年一样呆,居然为了所谓的"气节",饮毒自杀了!

越越:啊,不过是换了个皇帝,为何跟自己过不去?

解缙:就是说嘛,那皇上对他又不好,当年科举考试,他考得最好,理应是状元,可皇上嫌他长得丑,把状元给了胡广,就因为胡广长得帅一点。可最后他竟然还为了这个人去寻死,不值得啊!

越越:(语带讥讽)是啊,他应该向您们学习才是!

解缙:那难道要我们像王艮学习,去追随那个不成器的皇帝?

越越:(茫然)也不是这个意思……总之,我很佩服那些为国家而死的义士!今天的采访就到这吧,再见!

广告铺

拿鞋子不给钱,斩!

我大军进入南京后,一律退守龙江驿,保境安民,严守军纪。现有一名士兵违反军纪,拿了市民的鞋子不给钱,为严肃军纪,特将其处斩!

燕王朱棣

罪己诏

燕师兵临城下,朝廷岌岌可危,这都是因为朕治国无方。在此国难当头之际,还请四方各司及文武大臣率义壮之士前来京师,助朕一臂之力。若平叛成功,不管要什么赏赐,朕都愿意给。

大明天子朱允炆

揭发奸臣有赏

本王与侄子原本敦亲和睦,现却因奸臣作乱,反目成仇,实在可恶!只要有人抓住这些奸臣,一律升官晋爵,包括他的随从。

燕王朱棣

穿越报
CHUANYUE BAO

【烽火快报】
- 老朱家的江山换人了

【叱咤风云】
- 方孝孺宁死不屈，徐辉祖一言不发

【名人有约】
- 特约嘉宾：成祖朱棣

【广告铺】
- 卖身葬父
- 悼念靖难忠臣
- 关于成立内阁的诏令

【智者为王】
- 第2关

第 6 期
公元1402年—公元1403年

一朝天子一朝臣

朱棣篆

穿越必读 CHUANYUE BIDU

朱棣如愿以偿地登上了皇帝的宝座。然而，现在在他面前的，除了跟他靖难的功臣外，还有反对他的臣子们。为了巩固自己好不容易得来的皇位，一场令人发指的暴行开始了。

烽火快报 FENGHUO KUAIBAO

老朱家的江山换人了
——来自京师的加急快报

来自京师的加急快报！

建文帝不知是生是死，接下来的事情，已经是秃子头上的虱子——明摆着了。没错，老朱家的江山要换人了，不过这次还是姓朱。

在这之前，燕王发表了一段演说："大家都知道，本王只是来帮皇上铲除奸臣的，没想到皇上误解了本王的好意，引火自焚了。现在，我们该选出一位新皇帝。但本王再次声明，本王是不当这个皇帝的！"

大臣们一看这架势，立刻争先恐后地上前劝谏，说什么现在天下无主，燕王德高望重，又是太祖的亲生儿子，应该承担起责任，继续撑起老朱家的江山社稷。

苦口婆心地劝了十几天后，燕王"无奈"地说："哎呀，既然你们都这么说，那好吧，那本王也只有当这个皇帝了！"

公元1402年七月十七日，燕王正式登基，定年号为永乐，成为大明王朝的第三位皇帝（史称成祖）。

嘻哈园 XIHA YUAN

叱咤风云 CHIZHA FENGYUN

方孝孺宁死不屈，徐辉祖一言不发

登上皇帝的宝座后，成祖马上派人去找名士方孝孺，想让他写一份诏书，用来安抚天下。

其实，诏书人人都能写，但方孝孺是宋濂的弟子、建文帝的老师，同时也是一位学富五车的大学者，名满天下。若由他亲自起草诏书，会很有分量。

而且，在这之前，道衍和尚就提出："殿下攻下京城后，一定不要杀了方孝孺！若杀了他，天下读书的"种子"就灭绝了！"

所以，燕王在大殿里郑重地接见了方孝孺。

然而方孝孺一到殿上，就放声大哭，声音大得宫外都能听见，对于新皇帝，好像没看见似的，都没有行礼。

成祖有些尴尬，走下龙椅，劝说道："先生不要这样，本王只是想仿效周公辅佐成王罢了。"

方孝孺问："成王在哪里呢？"

成祖说："他自焚死了。"

方孝孺说："那为什么不立成王的儿子？"

成祖说："那是本王的家事。"说

完，让人拿出纸和笔，并放在了方孝孺面前，请他起草诏书。

方孝孺大笔一挥，在纸上写下四个大字。

群臣凑过去一看，都吓得直冒冷汗。成祖一看，气得肺都要炸了！只见纸上写的是——"燕贼篡位"！

成祖怒喝道："你就不怕被诛九族吗？"

方孝孺回答说："不要说九族，诛十族本人也不怕！"

自古以来就只有"株连九族"。没想到，成祖把方孝孺的"门生"加起来凑成十族，送到方孝孺面前，和他一并诛杀了！

相比之下，那个曾经让成祖十分头痛的徐辉祖，命运就好多了。对这个妻子的兄弟，成祖开始还以礼相待，以为徐辉祖不久后就会认错。要知道，徐辉祖一旦投降，他就是国舅，地位尊贵之至啊！

然而，当成祖召见他的时候，他一言不发。

不说话，那就写吧，可是他却写了一堆免死铁券上的文字。什么是免死铁券呢？就是太祖为了奖励当初的开国功臣，给了他们一些特殊的封赏，有了这个铁券，无论犯什么罪，都可以免除一死。徐辉祖因为父亲徐达的关系，也有一张。

成祖看了这堆文字，大怒，可是也没有办法，不能违抗太祖的命令啊。所以，只好把他的爵位削掉，幽禁了起来。

百姓茶馆 BAIXING CHAGUAN

一朝天子一朝臣

方先生虽然被杀害了，但他坚贞不屈的精神真是让人敬佩啊！

裁缝老张

铁匠老李

听说当初镇守济南、拿朱元璋牌位逼退燕兵的铁铉，也落得个凌迟处死的下场，连他的儿子也被杀了，真是惨不忍睹啊！

不光如此啊，只要是原来忠于朱允炆的大臣，都惨遭屠杀啊！像原来朝中的重臣齐泰、黄子澄，他们全都被凌迟处死了！还有卓敬、陈迪等人也都完蛋了！现在朝中是血雨腥风，人人自危！

张秀才

赵员外

唉，一朝天子一朝臣，我要是那些人，先保住命要紧，谁当皇帝不一样啊，万一他是好皇帝呢？

是啊，反正咱们是臣民，谁当皇帝就听谁的呗！这新皇帝也是皇族，他当皇帝也算合情合理吧。我说各位，咱们还是莫论国事，免得祸害了自己的十族！

王秀才

鸿雁传书

说好的一半江山呢

穿穿老师：

　　您好。我是宁王朱权，本王现在有一肚子苦水想向您倾诉。

　　当初朱棣胁迫本王，让本王和他一同起兵靖难。本王一不小心上了贼船，只好把本王的军队，特别是把朵颜三卫借给了他。朱棣当时拍着胸脯向本王保证，将来一旦成功，一定分本王一半江山。

　　现在，他真做了皇帝，却翻脸不认账了。好吧，本王不要你的江山了，把本王封到苏州去，享享清福总可以吧？结果，连这样的要求他都不答应！本王又低声下气地请求到钱塘一带去，他还是不答应！

　　您说说，要是没有本王帮忙，他能有今天吗？他现在这样对待本王，真是气死本王了！

宁王 朱权

宁王殿下：

　　您好，您的信我读过了，您的心情，小民表示非常理解。

　　但是，请殿下想想，古往今来，哪一个皇帝不想大权独揽？哪一个皇帝愿意把江山分给别人？

　　皇上当初说那样的话，纯粹是在忽悠殿下，殿下怎么还真相信了呢？更何况，苏州或者钱塘一带都是国家最富庶的地方，是经济命脉，皇上肯定不会把殿下安置在那里的，殿下想都不要想了。

　　我劝殿下还是去一个普通的封地，安安心心过日子吧。宫廷险恶，殿下要好自为之啊！

《穿越报》编辑 穿穿

【公元1403年，宁王朱权奉命迁到了江西南昌。】

名人有约 MINGREN YOU YUE

越越 大嘴记者

成祖朱棣 特约嘉宾

嘉宾简介：虽然他坐上了皇帝的宝座，但是，他并没有喜笑颜开。因为，眼前有一大堆问题需要他去解决，尤其是头顶上"反贼"那顶帽子，让他头痛不已。下面让我们有请皇上来说说他的烦恼吧！

越　越：皇上，现在您得到了一直梦想的皇位，有何感受呢？

成　祖：哦，大家承认朕是这个国家的皇帝了？

越　越：当然啊！有什么问题吗？

成　祖：唉，朕以为老百姓把我当反贼，不承认朕这个皇帝呢。

越　越：皇帝这个位置，本来就不是好人能坐得了的。

成　祖：（大怒）什么，你拐着弯儿骂朕是坏人！

越　越：皇上息怒。您想想看，好人当得了好皇帝吗？比如皇上的侄子。皇上愿意做那样的好人吗？

成　祖：（犹豫了一下）那朕还是当坏人吧。反正现在已经是反贼了，想名正言顺也没办法了。

越　越：这都怪高皇帝，要是直接把皇位给殿下不就没事了吗？现在好了，好好的孙子没了，儿子也落了个谋朝篡位的骂名。

成　祖：怪父皇也没用。现在要摘掉"反贼"的帽子，还得仰仗父皇呢。

越　越：高皇帝不是已经死了吗？能帮上什么忙？

成　祖：嘿嘿，这你就不懂了吧？他可以帮朕证明，朕发动战争，不是为了争夺皇位，而是为了他老人家的江山社稷。

越　越：高皇帝都已经没了，怎么帮陛下证明啊？

成　祖：很简单，继续用他老人家定的制度，把朕侄子在位时颁布的

名人有约

越越：噢，这就表示，陛下跟侄子反目，是为了继承高皇帝的遗志，为大明江山负责。哇，这个形象一下子就高大起来了呢！

成祖：嗯，没错。

越越：但是大臣们可不是这么好忽悠的吧？

成祖：没事，朕还有第二招。那就是把记载他老人家事迹的《太祖实录》修改修改。

越越：改成啥样？总不能改成您是马皇后的亲生儿子吧？

成祖：（脸一沉）为何不行？怎么不行？我现在就是先皇的嫡子。朕的哥哥们都去世了，现在由朕继承皇位天经地义。

越越：（暗自嘀咕）现在就改了啊！

成祖：非但如此，父皇对朕一直宠爱有加，看见朕的哥哥朱标和朕的侄子，就气不打一处来；看见朕就和颜悦色，恨不得把最好的东西都给朕！父皇死的时候，本想把皇位传给朕，却被朱允炆给破坏了。

越越：陛下在说别人的故事吧？

成祖：这就是朕的故事啊！朕要把它写进史书，让大家都知道知道。

越越：唉，都是这个嫡长子制度惹的祸！

成祖：说什么呢？朕现在就是嫡长子，有当皇帝的资格！

越越：（大汗）好吧好吧！咱不纠结这个了。其实谁当皇帝，老百姓都没什么意见，关键是当了皇帝之后，能做出些什么事情。

成祖：朕要做的事情很多，总之，大家一定要相信朕，朕要做别的皇帝没做到的事，把我们大明变成一个万国来朝、国富民强的国家！

越越：太棒了！那让我们和陛下一起努力吧！

广告铺

卖身葬父

由于父亲为建文帝出谋划策，不肯依附朱棣。朱棣派人抄了我的家，父亲也被凌迟处死。现在，我一穷二白，连给父亲下葬的银子都没有。恳请各位好心人伸出援助之手，帮我安葬了父亲。我愿意一辈子替您效劳，哪怕做牛做马，也无怨无悔。

黄家大儿子

悼念靖难忠臣

方孝孺、黄子澄等虽然是一介书生，但面对他人的屠刀，即使祸连十族，也视死如归，忠贞不屈，令我等文人十分敬佩。

现组织若干人员于清明节时前去悼念，若有同道中人，可通过本报与我们联系，集合地点再定。

靖难纪念民间协会

关于成立内阁的诏令

先皇废除宰相之位后，凡事亲力亲为，十分辛苦。国事体大，朕一人忙不过来，现特招解缙、黄淮、胡广、杨荣、杨士奇、金幼孜和胡俨等人进入文渊阁，帮朕处理国事，其因在大内展阁行事，故称"内阁"。

大明天子朱棣

智者为王

ZHIZHE WEI WANG

第2关

智者无敌 王者为大

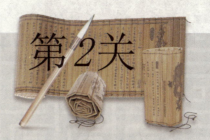

1. 朱棣造反是在哪一年？
2. 朱棣起兵造反时，打出的口号是什么？
3. 宁王朱权有一支相当厉害的军队叫什么？
4. 宁王是主动和朱棣一起造反的吗？
5. 耿炳文讨伐朱棣失败后，朱允炆又换谁做了主帅？
6. 燕王的救命恩人是谁？
7. 是谁偷偷地打开了南京的金川门，将燕王大军迎进了城？
8. 朱棣为什么不敢开炮攻济南？
9. 南京失陷后，朱允炆死了吗？
10. 大明第一大才子是谁？
11. 解缙的好友，谁为了气节，饮毒自杀了？
12. 朱棣称帝后的年号是什么？
13. 有一位大臣被朱棣株连十族，史所罕见，他是谁？
14. 徐辉祖的父亲是哪一位开国功臣？
15. 朱棣做皇帝后，是否履行诺言，与宁王平分天下？

穿越报
CHUANYUE BAO

第 7 期 公元1403年—公元1408年

盛世之举

朱棣篆

【烽火快报】
- 书没编好，皇帝很生气

【叱咤风云】
- 大典是怎样"炼"成的
- 向神秘的西洋出发！
- 揭秘船长郑和的身世
- 爪哇岛风波
- 古里，一座见证历史的丰碑

【名人有约】
- 特约嘉宾：郑和

【广告铺】
- 招海员八百多名
- 告天下百姓书
- 招编辑两千多名

穿越必读 CHUANYUE BIDU

朱棣是一位勤勉的帝王，他登上皇位后，日夜操劳，励精图治，大明朝的国力蒸蒸日上。在这样的背景下，永乐大典完成了，郑和下西洋完成了。大明朝呈现出一派生机勃勃的盛世景象。

烽火快报

FENGHUO KUAIBAO

书没编好，皇帝很生气
——来自南京的加密快报

不得不说，新皇帝确实是个很有想法的人。这不，刚做皇帝不久，他就找来了当朝大学士解缙，让他编一部书。

对大才子解缙来说，这是小菜一碟，圣旨一下，他就赶紧开始了编书工作。

一年后，解缙满面春风地跑来向成祖报告："陛下啊，书编好了，请过目！"

办事效率这么高，皇上十分高兴。可是，拿起那些书一翻，他的脸色马上沉了下来。

为什么呢？因为这根本不是成祖想要的书！成祖想要的，不是一本，也不是一部，而是一套书，一套包罗万象、集天下典籍于一身的大百科全书！

而解缙编的这本书，主要收集了儒家典籍，其他的著作收集得很少。它离成祖想要的书，相差十万八千里！

不过，书既然已经编出来了，成祖虽然很不高兴，但也给这本书题了一个名字叫《文献大成》。

来自南京的加密快报！

叱咤风云 CHIZHA FENGYUN

大典是怎样"炼"成的

原本很好的构想变成了一本普通的书，成祖很生气。当然，这也不能全怪解缙，单凭他一个人，哪能编出什么绝世好书呢？

成祖也意识到了这一点。因此，在把解缙骂了一通之后，他马上找来五个才高八斗的翰林学士，并让他们担任该书的总裁（负责修这部书），又找来二十个翰林院的著名学者，担任副总裁。

与此同时，成祖还向全国公开招募，号称不管是老的、小的，还是穷人、富人，只要你有学识，就可以加入这支编辑大军，条件优厚，吃住全包。

这样优厚的条件，一下子吸引了很多人的注意。没多久，京城云集了不少青年才俊、宿学老儒，出现了"天下文艺之英，济济乎咸集于京师"的盛况。

有了编辑，成祖又给解缙派去一个助

手。那就是他的老朋友——道衍和尚（俗名姚广孝）。

姚广孝不但善于出谋划策，而且学识渊博，精通佛、道、儒、兵等百家学说，让他和解缙一起主持编书工作，是再合适不过了。直到此时，解缙才恍然大悟，成祖要做的不是一本普通的书！于是，他开始认真地投入到这项编书工作中。

事实证明，解缙确实不愧是明代第一才子。在他的领导下，两千多名编辑将工作做得井井有条。

为了表示对这个工作的重视，成祖还时不时地跑去视察一下，慰问一下。在成祖的关怀和激励下，公元1408年的冬天，一部让人惊叹的大百科全书正式问世！

下面让我们一起来领略一下这套书的风采吧！

这套书开本宏大，很有皇家的威仪和气魄。全书共有一万一千零九十五册，其中正文部分一共有二万两千八百七十七卷，光目录就有六十卷！全书字数达三亿七千万字左右！而这些字，都是一个字一个字地抄下来的！

更厉害的是，它收集了咱们中国历史、地理、文学、艺术、哲学、宗教等各方面的文献，保存了几千种极为珍贵的古代典籍，可以说是前无古人，后无来者！它是名副其实的盛世之典！这部经典的出现，正是大明朝繁荣富强的标志！

面对这部浩瀚的经典之作，成祖终于露出了满意的笑容，当即给它取了一个磅礴大气的名字——《永乐大典》！

叱咤风云 CHIZHA FENGYUN

向神秘的西洋出发！

大家知道，晴耕雨读一直以来是我们国家的传统。所以，除了修书、读书，老百姓更关注的是土地。

随着大明朝一天比一天富强，老百姓的生活也越过越好。成祖的眼光也开始越过自己的国境，将目光投向了大海——在那遥远的另一边，又有些什么样的国家，有着什么样的风土人情呢？

为了探个究竟，成祖决定派自己最信任的人，也就是宦官郑和，率领一支庞大的船队，出使西洋。

这支船队有多庞大呢？说出来简直不可思议。他们最大的船，长有四十四丈四尺，宽有十八丈。即使比它小一些的船，长度也有三十七丈，宽也有十五丈。打个比方说吧，即使想在上面搞个运动会，设置个百米跑道也没问题。

更让人难以置信的是，最大的船上有十二面帆！它的锚和舵也非常大，需要几百人一起喊着口号，才能弄得动！

而跟随郑和一起出航的人一共有两万七千八百多人！你想想，这么多人一起出航，场面该是多么壮观啊！

公元1405年七月十一日，这支浩大的舰队扬起风帆，从南京刘家港起锚，向着辽阔无边的大海出发了。

在神秘的西洋，郑和的舰队都会有哪些奇异的经历呢？本报记者将全程跟踪报道。

揭秘船长郑和的身世

据官方透露，此次出航的目的是代表大明帝国，出使西洋。当然，这与民间的说法完全不一样，民间说是成祖听到传闻，当年在大火中下落不明的建文帝，很可能出海逃到了别的国家。所以，这次出海有一个秘密任务，那就是去打探建文帝的消息。

而负责完成这个任务的人就是船队的总指挥——郑和。在出使西洋之前，郑和是一个很少有人知道的名字，更别说他那一段鲜为人知的身世了。

郑和，原名叫马三保，出生于公元1371年，云南人。太祖曾派兵远征云南，攻打元朝的残余势力。战争结束后，很多孩子成了

我就是船队的总指挥郑和！

叱咤风云 CHIZHA FENGYUN

战俘,并遭受了残酷的极刑——宫刑,包括当时年仅十一岁的马三保。

从此,马三保跟着明朝军队四处征战,颠沛流离。但是,正是这样的生活磨砺了他的身心,使他变得越来越坚强。

几年后,一次偶然的机会,马三保遇见了当时的燕王。燕王很喜欢这个沉默坚毅的少年,从此就让他做了自己的侍卫,一直把他带在身边。马三保长大后,也就成了燕王的心腹。

靖难之役中,在北平一个叫郑村坝的地方,燕兵大败李景隆的军队,正是因为采用

> 此次出海不能辜负成祖的厚爱!

> 还有可能会遇见圣城,想想都激动哇!

CHIZHA FENGYUN 叱咤风云

了马三保的策略。因此，成祖以"郑村坝"为由，赐马三保姓"郑"，这就是郑和名字的来历。

正是由于这样一种亲密的关系，成祖对郑和才如此信任。再加上郑和不仅有丰富的航海经验，还有极高的军事素养。所以，派郑和出使西洋，成祖是非常放心的。

另外，郑和还有一个秘密，正是因为这个秘密，让他非常愿意扬帆出海。

这个秘密就是，郑和的祖祖辈辈都是虔诚的伊斯兰教教徒。对于伊斯兰教徒来说，他们心中有一个向往的圣城——麦加。郑和也不例外，去麦加朝圣，是他心中最大的梦想。

你想想，如果一直待在中国大陆，郑和的梦想是不可能实现的。而一想到出使西洋，就有可能到达他心中的圣城麦加，郑和的心中就无比激动。

所以，担负着大明皇帝的重要使命，同时怀揣着自己心中宏大的梦想，郑和勇往直前地向西洋出发了。

叱咤风云 CHIZHA FENGYUN

爪哇岛风波

郑和的船队出发后，一直向南航行，一路上风平浪静，十分顺利。这一天，他们来到了爪哇岛。

爪哇岛位于马六甲海峡附近，地理位置非常重要。在这里，生活着很多人，有一些松散的部落。

一百多名大明船员率先登上岸，去查看岛上的情况。可就在这时，令人意想不到的事情发生了。

不知从哪突然冒出一支杂牌军，他们还拿着各式各样的刀枪。他们见到这些船员后，不由分说地杀了过去。可怜这些先登岸的船员，还没弄明白是怎么回事，就白白地送了性命。

消息传来，郑和的手下都十分生气，是什么人，居然敢在大明头上撒野！大家纷纷吵嚷着，要杀了那支杂牌军，给死去的船员报仇。

叱咤风云

只有郑和很冷静。他明白，自己手下有两万多名将士，杀掉那支杂牌军易如反掌。但是，如果没有把情况弄清楚，就直接去杀人，那以后船队到了任何地方，都不会有人欢迎，不利于与西洋诸国的和平交往。

于是，郑和大声地对大家说："大家都不要吵，我们此行的目的是和平出使西洋，而不是去发动战争。现在，本人决定先派人去与当地人员交涉，弄清是怎么回事再说！"

郑和是领航人，他一发布命令，大家都安静了下来。

经过一番交涉后，事情终于弄清楚了。

原来，当大明船队抵达爪哇岛时，当地刚刚发生了一场战乱——当地的一个"王"战胜了另一个"王"。由于这个胜利的"王"也没什么像样的旗号，我们管他叫"爪哇王"好了。爪哇王的部下错把明朝的船员当成了敌人，于是就发生了这次惨案。

当这位爪哇王最后弄明白，他杀的不是他的敌人，而是大明朝的船员时，吓得一屁股坐在了地上。他非常清楚，大明朝十分强大，如果来兴师问罪，那他即使有一百个脑袋也不够砍的。

爪哇王赶快派人去找郑和，苦苦哀求，希望得到原谅。不但如此，他还派人连夜坐船赶往中国本土，去向大明成祖皇帝道歉。

郑和原谅了爪哇王。不是郑和不想为船员们报仇，而是他明白，国与国之间和平才是最重要的。

这场风波过后，郑和的船队扬起风帆，再次起航了。

鸿雁传书 HONGYAN CHUAN SHU

远赴南京，是吉是凶？

穿穿老师：

您好，我是乌斯藏尚师哈立麻。我们乌斯藏在大明朝的西部，离你们中原非常远。我们那个地方的人都信奉佛教。不过，我们信奉的是藏传佛教，俗称喇嘛教，和你们中原的佛教有很多不同。

可是近几年，大明成祖皇帝多次派使臣来，邀请我去内地访问，顺便宣传佛法。我有心想去，但却有些担心，一方面，两地佛教并不相同，我去了，会产生文化冲突吗？另一方面，听说成祖是个很厉害的君王，而我只是一个藏僧，万一说错话做错事，他会怪罪我吗？

我现在心里很忐忑不安，请您给我出出主意。

乌斯藏尚师 哈立麻

乌斯藏尚师：

您好！您的信我已经拜读了，我觉得您的担心是多余的。

我们内地人民是非常热情好客的，我们的文化是开放的，是包容的，而内地的佛教和藏区的佛教略有不同，大家正好可以交流一下，吸取彼此长处，绝对不会产生冲突的。

另外，我们的皇帝邀请您来南京，一方面是进行宗教文化交流，另一方面是想通过您的来访，增进大明王朝和乌斯藏地区的联系。您放心好了，大明君主一定会把您奉为上宾，礼让有加的！

《穿越报》编辑 穿穿

【公元1406年，乌斯藏尚师哈立麻入南京，公元1407年，封其为大宝法王。】

古里，一座见证历史的丰碑

在经历了爪哇岛风波后，郑和的船队继续前进，先后经过苏门答腊、锡兰山等地，与很多国家进行了和平友好的交流。这些国家还派出使者，准备和郑和一起回中国，去朝贺大明天子。

最后，郑和来到了这次航行的终点站——古里（今印度半岛的西南端）。古里的统治者很早就向大明朝贡了，这次，郑和就是代表大明帝王，来封古里的统治者为国王的。

办完这件事后，郑和又与当地人一起建了一座碑亭，用来纪念这次伟大的航行。碑文写的是：这里与中国相距十万多里，但民风和物产与祖国相近，特立此碑，永昭万世！

毫无疑问，这是一座见证历史的丰碑！

这时，郑和的船队已经出海在外一年多，该结束航程了，于是他们从古里掉转船头，开始返航。

经过千辛万苦之后，在公元1407年农历九月份，郑和以及船员们终于回到了祖国的怀抱。与他们一起上岸的，还有西洋各国的使者。

他们来到京城，一起向成祖朝贡。"万国来朝"这是一个多么宏大而又壮观的场面啊！

由此可见，大明王朝在成祖的领导下，已经越来越繁荣，越来越富强了。

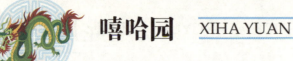

名人有约

MINGREN YOU YUE

越越 大嘴记者

郑和 特约嘉宾

嘉宾简介：暴风骤雨不足惧，惊涛骇浪只等闲。在茫茫大海中，只因为心中有信仰，身上有使命，他写下了属于自己的传奇！他就是带领大明船队远涉万里，完成航海壮举的大英雄——郑和！

越　越：郑大人您好，这次航海归来，大人有什么感想吗？

郑　和：国家强大就是好啊，到哪都受欢迎！不过，还是不过瘾啊不过瘾！

越　越：（惊讶）走了这么远还不过瘾啊？

郑　和：不远不远，走了没多少天，就返航了。圣城麦加也没找到，要打探的消息也没打听到，这哪行啊！（握了握拳头）本人已经决定了，还要再次下西洋！

越　越：可是这样会很费银子吧？

郑　和：那当然了，你想想，这么多船只，这么多人，能不花钱吗？不过，谁让咱大明朝有钱呢，咱花得起！

越　越：（撇撇嘴）小民不同意大人的看法，下西洋虽好，但是要费人力、物力、财力啊，小民觉得还是多权衡利弊比较好。

郑　和：（点了点头）嗯，你的话也很有道理，没想到你这个小记者还挺有想法的嘛！不过，下西洋的事也不是本人能说了算的，关键还得看皇上的态度。

越　越：嗯，大人说的也对。不过，咱这船这么大，人这么有钱，是不是太招摇了？万一碰到海盗怎么办？

郑　和：你说那些乌合之众吗？不堪一击，用不着怕。他们想打赢我们这支训练有素的军队，还要再锻炼锻炼！

越　越：哎，差点忘了，大人可是身经

名人有约 MINGREN YOU YUE

百战,不是一般的船长呢!
郑　和:一般一般,全国第三吧!
越　越:大人真幽默。小民还有一个疑问,你们在海上航行这么久,能吃到新鲜的蔬菜吗?要知道,如果不吃新鲜蔬菜,人体就会缺乏各种维生素,会得败血病的!
郑　和:呵呵,这个难不倒我们。在起航的时候,我们带了很多豆子,豆子可以发豆芽菜,不愁没有新鲜蔬菜可以吃。另外,你也知道,我们的船都大极了,有充足的空间,我们就在船上养各种家禽牲畜,这样就可以有肉吃了。你放心吧,船员们的健康是有保障的!
越　越:(惊奇而羡慕)啊?船上还可以养家禽牲畜?那太好玩了,这样的航海小民也想参加!
郑　和:其实航海很枯燥的,你想想,有时一连要在海上漂几个月呢!一般人是受不了的。
越　越:(想了想)嗯,还真是这样。看来做一名船员,可真是不容易啊!吃了这么多苦,你们有不少收获吧?
郑　和:有点吧,这次有不少外国使者和我一同回来,并给皇上带来了很多贡品。
越　越:(两眼放光)都有什么啊?
郑　和:都是些不值钱的土特产。但皇上回赠给他们的礼物,不是金银就是丝绸!
越　越:(吐了吐舌头)那皇上不是在做赔本买卖吗?
郑　和:要是回赠的东西太少的话,怎么能显示出咱们天朝上国的国威呢?皇上哪里都好,就是太要面子了。
越　越:嗯,以后大人要多劝劝皇上,虽然现在国家富强,但还是应该节俭一些啊!
郑　和:尽量吧,皇上也不一定听本人的。时间到了,本人还要和皇上商量下次出使西洋的事情,下次一定要去麦加!
越　越:希望大人早日实现自己的愿望,再见!

(在成祖及其后代的支持下,郑和曾七次下西洋,最远到达阿拉伯半岛沿岸和东非一些国家,这是古代中国人到达的最远的地方。在第七次下西洋时,郑和终于到达了心中的圣地麦加,返航的时候,在古里因病逝世。)

广告铺

招海员八百多名

你想到神秘的西洋走一遭吗？本船队响应皇上号召，出使西洋，现急需船员若干名。要求身体健康，能吃苦耐劳，守得住寂寞。

本船队现有船员两万七千多人，还需八百多名，名额有限哦。有意者请速速前来，过时不候！

郑和船队

告天下百姓书

据说近年来有不少骗子打着建文帝的旗号，在民间招摇撞骗。现重申一遍，建文帝已死于宫中火灾，若再有人以此名义行骗，定当问斩。凡举报者，皆可得重赏。

本地衙门

招编辑两千多名

由于采选的书籍众多，需大量优秀的编辑参与编修、绘图、圈点、抄写等工作。

现招聘编辑两千多名，书法功底深厚者优先。这里保证大家吃得好，住得好，还可以不用上朝。这可是青史留名的好机会哦，欢迎大家前来报名。

《永乐大典》编辑部

第8期
公元1403年—公元1408年

安南国风波
朱棣震

穿越报
CHUANYUE BAO

【烽火快报】
· 安南国来朝贺了

【叱咤风云】
· 安南国出事了
· "奇兵"来了我不怕

【名人有约】
· 特约嘉宾：汉王朱高煦

【广告铺】
· 徐皇后的遗言
· 告日本书
· 复设市舶司
· 朝鲜纳贡书

穿越必读 CHUANYUE BIDU

一边是盛世大典的编纂工作，另一边是郑和下西洋，在朱棣忙碌而充实的生活中，西南边境的安南国又出事了……

FENGHUO KUAIBAO 烽火快报

安南国来朝贺了
—— 来自南京的加密快报

公元1403年，也就是永乐元年，突然有一天，使者来报，安南国派使者前来朝贺大明天子了。

安南，又叫交趾，地处大明朝的最南端，是一个很小的国家。在汉唐时，它是咱们中国的一部分，后来，由于中原战乱，没工夫管它，安南国便独立了，但是，其一直都是中国的附属国。

太祖建立了明朝后，曾经还册封过安南国王陈氏，之后的关系也一直比较亲密、友好。

听说有使臣来贺，成祖十分开心。因为借这个机会，正好可以告诉他们——你们看好了，大明朝换新皇帝了，不是朱允炆了，而是我朱棣！

令成祖吃惊的是，在朝贺文书上，安南国王由姓陈的变成了姓胡的。文书上还说，这个姓胡的国王是老国王的外甥，由于陈氏国王没有后代，所以胡姓国王便继承了王位。

听起来也有道理，于是成祖以大明朝的名义，册封了安南国的这位新国王。

来自南京的加密快报！

安南国出事了

公元1404年八月的一天，从遥远的安南国，突然来了一个人。

这人说自己叫裴伯耆（qí），是安南国的一名大臣。他一见到成祖，就跪在地上，声泪俱下地说："陛下啊，您要为我们安南国做主啊！"

原来，安南国有个叫黎季犛（lí）的大臣发动政变，杀死了原来姓陈的国王，篡夺了王位，然后改姓胡。陈氏安南就这样变

陛下啊，请为我们安南国做主啊！

成了胡氏安南。

早在去年安南使臣来朝贺时，成祖就觉得姓陈的国王改成了姓胡的国王有点可疑，现在听裴伯耆这么一说，更觉得事有蹊跷。可只听裴伯耆的一面之词，也不好下结论。于是，他安排裴伯耆暂时在南京住了下来。

没过多久，又有一个安南人来到了大明。这人说自己叫陈天平，是陈氏国王的弟弟。他所说的安南国的情况，和裴伯耆说的一模一样。

这下，成祖意识到，安南国很有可能真的出事了，可是他还是不敢确定，怎么办呢？

正好这时快到年底了，按照惯例，各国使臣都要来大明朝贡，安南国也不例外。成祖一看，马上想出了一个好办法。

当安南国来朝拜时，成祖突然对他们说："你们来看看，认识这个人吗？"说完便让陈天平站到了众人面前。

使臣们一看，吓了一跳，纷纷跪倒在地，向陈天平行礼。这时，裴伯耆也站了出来，把这些安南使臣一通大骂。使臣们

叱咤风云 CHIZHA FENGYUN

哼，真得好好斥责一番！

听了，都觉得心中有愧，有的人甚至哭了起来。

这样一来，成祖就全明白了，陈天平和裴伯耆说的话是真的，安南果然发生了政变！

成祖大发雷霆，立刻下了一道诏书，命人火速送到安南国，把胡一元斥责了一番，并且表示如果对方不能给出令人满意的答复的话，大明朝就会让他吃不了兜着走。

把大明皇帝惹火了，可不是好玩的事。胡一元接到诏书后也慌了，马上命人回复成祖，表示自己只是暂时管理安南的朝政，并没有做国王，现在，他愿意诚心诚意地迎接陈天平回国，继承安南国王位。

见这个胡一元还算识相，成祖觉得很满意，立刻安排专人护送陈天平回国。陈天平呢，对成祖当然是千恩万谢、感激涕零。

鸿雁传书

莫名其妙就坐大牢了

穿穿老师：

您好，最近本将军真是倒霉到家了！

朝中很多大臣在皇上面前说本将军的坏话，说本将军大逆不道，蓄意养兵，图谋不轨。

其实，本将军哪有那些非分之想啊！顶多觉得自己是皇亲国戚，平时爱摆摆架子，多养了一些仆人而已。

可是，皇上竟然信了那些大臣，抄了本将军的家，把本将军投入了大狱。本将军真是冤枉啊，您能帮本将军想想办法吗？

大将军 李景隆

李将军：

您好，对将军目前的处境，小民虽然深表同情，但也不得不说句实话，这一切都是将军自找的！

当年，将军屡战屡败，别人都说是将军坏了建文帝的大事，要求把将军就地正法，可建文帝并没有怪罪您。

而将军非但不记人家的恩，还打开金川门，把南京城献给了燕王殿下，出卖了他。

将军您自己想想，作为一名叛徒，皇上能看得起你吗？大臣们能看得起你吗？所以，将军应该明白自己的处境，谨言慎行才是。

可是，将军始终以皇亲国戚自居，妄自尊大，不把别人放在眼里，这怎么能行呢？现在，将军被投入大牢，恐怕别人都帮不了您了，将军的性命，完全要看皇上的脸色了。

《穿越报》编辑 穿穿

【公元1404年，李景隆被抄没家产，软禁家中，虽绝食十日，但还是没有死（估计是假绝食），后死于永乐末年。】

百姓茶馆 BAIXING CHAGUAN

安南国又出事了

听说安南那边又出事了！皇上派人护送陈天平回国，结果，安南那个姓胡的国王简直是胆大包天，竟然设下埋伏，不但杀了陈天平，还杀了咱们大明朝不少官兵呢！

刘秀才

是啊，这安南国王真是不想混了啊，竟然敢和咱们大明朝对着干！听说皇上知道消息后，气得都拍桌子了！现在皇上已经派兵去征讨安南了，那个叫胡一元的国王，我看马上要完蛋了！

张秀才

嗯，皇上本来派的大将是朱能，不过朱能身体不好，在行军途中因病去世了。现在的主帅是张辅，听说这人是大将张玉的儿子，十分厉害呢！

赵员外

是啊，据说张辅颇有他父亲的遗风，咱们大明朝真是名将辈出啊！你们猜猜，这次出兵安南，派了多少人马呢？说出来吓死人——三十万！而且，为了吓唬安南国王，对外号称八十万大军，哈哈！

当铺王掌柜

CHIZHA FENGYUN 叱咤风云

"奇兵"来了我不怕

在张辅的带领下,大明朝的军队接连打了好几个胜仗,直逼安南重镇——多邦。虽然多邦的城墙坚固,防守严密,但是在明军看来,依然是小菜一碟。

一天深夜,明朝军队突然爬上了多邦的城墙,放了一把火。安南军大乱,多邦外城很快被攻破了。可是,就在明军向内城进攻时,意想不到的事情发生了。

安南军队使出了他们的杀手锏——战象!

原来,在安南这样的热带地区有很多大象,这些大象非常聪明,在安南人的驯养下,就成了大象"兵"。

只听一阵呼哨声响,这些战象就向明军冲了过来!

明军顿时一阵慌乱。要知道,大象皮糙肉厚,身体又那么庞大,就像现代的坦克、装甲车一样,它们横冲直撞、所向无敌,战马看了,吓得直往后缩,更别说往前冲了。

面对这种局面,张辅不愧是一

叱咤风云 CHIZHA FENGYUN

名优秀的将领，他马上想出了对策，命人把战马都集中起来，蒙上马的眼睛，驱赶战马去冲击象群！

马被蒙上了眼睛后，由于什么也看不见，就什么也不怕了，一个个像疯了似的，拼命地向战象冲了过去！

与此同时，明军拿出了更为先进的武器——火枪，对着战象一阵扫射！

大家知道，火药是我们中国的四大发明之一，现在已经是大明军队重要的武器装备了。刹那间，战场上火光四起，火枪枪声此起彼伏，响成一片！

其实，火枪的杀伤力并不大。但是，战象毕竟是动物，它们一听见枪声，一看见火光和烟雾，便受了惊吓，纷纷掉头就跑。安南军队拼命吹口哨，可这时候战象已经完全不听话了。

明朝军队乘胜追击，安南军再也抵挡不住了，明军就这样一举攻克了多邦城。

经过这场奇异的战斗后，明军一路高歌猛进，最终攻克安南全境，俘虏了安南国王胡一元，安南终于被平定了。

胜利之后，大明马上派人四处寻找陈氏国王的后代，准备重新让陈氏子孙做国王。可惜，自从陈天平被杀害后，陈氏已经后继无人了。

最终，成祖只好发了一道圣旨，改安南为交趾，设布政使司。就这样，在汉唐之后，安南又一次直接由中国管理。

嘻哈园 XIHA YUAN

名人有约 MINGREN YOU YUE

越越 大嘴记者

汉王朱高煦 特约嘉宾

嘉宾简介：他凶悍跋扈，是爷爷厌恶的对象；他刚强勇猛，是父亲最为宠爱的儿子。他最大的梦想是有朝一日接替皇位，成为九五之尊，这个梦想能成真吗？让我们走近威风凛凛、赫赫有名的汉王殿下——朱高煦！

越　越：汉王您好，请喝杯茶，润润嗓子。

朱高煦：（一把把杯子打翻）有话快说，啰啰唆唆的，搞这么多名堂干什么！

越　越：（吓得一缩脖子）殿下，殿下这么不讲礼吗？

朱高煦：本王是个粗人，不玩这些虚的。（态度缓和了些）好吧，本王尽量耐心回答你的问题。父皇也曾经教育过本王，要好好对待你们这些写书的人，万一得罪你们，抹黑本王就划不来了。

越　越：（勉强奉上微笑）呵呵。那好，那小民来问第一个问题，听说殿下的皇爷爷很不喜欢殿下？

朱高煦：（想发火，又压住了）哼，是啊。小时候，我们这些孙子辈的小孩在一起读书，本王很不喜欢读书，就喜欢耍枪弄棒，结果皇爷爷就不喜欢本王喽！哼，皇爷爷也真是，他自己就是个大老粗，还嫌本王读书不用功！

越　越：这也不能怪高皇帝啦，他是希望你们成才嘛！

朱高煦：哼，做武将就不能成才吗？你看本王现在，还不是威震天下！

越　越：（拍马屁）是，是，殿下现在确实是天下闻名的、天下闻名的（小声说）大坏蛋……（赶快改口）噢，不，是大将军！

朱高煦：（大怒）你说什么！

越　越：刚才失误说错了嘛，殿下是

名人有约

天下闻名的大将军！听说殿下的舅舅徐辉祖之前对殿下您赞赏有加？

朱高煦： 哼，赞赏本王的人多了，他只是其中一个罢了。那一年，皇爷爷的忌日，本王和本王的大哥代替父皇去了南京。后来，父皇准备造反了，本王以为朱允炆会把我们扣在南京当人质，谁知他竟然把我们给放了。当时，徐辉祖就对朱允炆说，本王可不是个简单的人物，放了他，那可是放虎归山啊！哼，你听听，他对本王的评价多高啊，哈哈！

越 越： 徐辉祖说的真不假啊！在靖难之役中，多亏了殿下屡立大功，皇上才能数次化险为夷，最终夺得皇位啊！

朱高煦： 说起靖难兵变，本王就生气！本王立了那么多功，父皇还是那么偏心，立了那胖子当太子！要知道，参加靖难的功臣们全都很支持本王当太子呢！只有那些书呆子似的文臣们，说可以马上得天下，但不可以马上治天下，都站在了胖子那一头，气死本王了！

越 越： 当皇帝也很累的呢。当个汉王也不错啊，听说殿下的封地在云南，您却不肯去？

朱高煦： （吹胡子瞪眼睛）哼，那鬼地方，又穷又远，虽然景色好，可又不是去旅游，本王去那里干什么？再说，如果远离京城的话，那胖子还不更加为所欲为了？本王告诉你，本王哪也不去，就待在南京！

越 越： 那皇上同意殿下这么做吗？

朱高煦： 哈哈，父皇还是疼本王的，本王铁了心不去，他也拿本王没办法啊！

越 越： 呵呵，看来皇上还是十分疼爱殿下啊！好了，时间不早了，这次采访就到此结束吧！汉王殿下，再见！

朱高煦： （傲慢地嗯了一声，扬长而去）嗯。

广告铺

徐皇后的遗言

　　臣妾在北平时,北平将士们的妻子和臣妾一起守城,只可惜,臣妾一直没有机会跟随皇上北巡,未能亲自一一加以慰劳,深表遗憾。希望下辈子有机会再见姐妹们一面了。

徐皇后

告日本书

　　自允许你们日本人携带兵器进入我国后,你们就肆无忌惮地在沿海一带作恶,不但四处抢劫,还杀人放火,实在可恶!

　　现若你们再让自己的子民在中国为非作歹,我朝也决计不会坐视不管。请好自为之!

大明天子朱棣

复设市舶司

　　为加强海上对外贸易管理,现决定在沿海一带重新设置市舶司(编者注:其相当于现今海关),以接待各国来朝贡的使者及随从。

大明吏部

朝鲜纳贡书

　　尊敬的大明皇帝陛下,我们虽是番邦小国,但一直对天朝上国非常仰慕,现在不远万里前来进贡,送给您良马三千匹!

朝鲜国

穿越报
CHUANYUE BAO

第 9 期
公元1409年—公元1414年

大漠烽烟
朱棣著

【烽火快报】
- 鞑靼向大明示威

【叱咤风云】
- 快马加鞭，只为一句话
- 天啊，皇帝冲在最前面
- "新鞑靼"要崛起了？
- 瓦剌人设下的圈套
- 出击吧，神机营

【名人有约】
- 特约嘉宾：道衍和尚姚广孝

【广告铺】
- 关于设置贵州布政使司的通知
- 重修《太祖实录》
- 一封公告
- 投降书

【智者为王】
- 第3关

穿越必读 CHUANYUE BIDU

在大明朝繁华盛世景象的背后，始终有一片阴影，那就是北元的残余势力。它们像幽灵一样，困扰着边境的老百姓。为了国家的安宁，贵为皇帝的朱棣，再一次披上了盔甲，御驾亲征。

烽火快报 FENGHUO KUAIBAO

鞑靼向大明示威
——来自大漠的加急快报

来自大漠的加急快报！

这些年来，北方大漠上一直残留着元朝的两股势力，一个叫鞑靼（dádá），另一个叫瓦剌（là）。

照理说，大元帝国消失了，这两股势力应该互帮互助、团结友爱才是，可实际上，他们却打得热火朝天。鞑靼占领着蒙古高原，由黄金家族的后人本雅失里和他的太师阿鲁台统治着，以蒙古正统自居，一直看不起新兴的瓦剌。

瓦剌的首领马哈木一气之下，接受了明朝的封号，称了臣。现剩下鞑靼一支，一直顽固地对抗着明朝。公元1409年六月的一天，鞑靼部居然杀死了明朝使者，公然向明朝挑衅。原本他们只是窝里斗，成祖一直睁一只眼，闭一只眼，随他们去。现在居然敢直接摸"老虎的屁股"！成祖知道后大怒，看来，不收拾收拾这帮鞑靼人是不行了！成祖立即决定，起驾赶赴北京！

战火中出生的皇帝就是不一样，让我们一起奔赴北京去看看吧。

快马加鞭，只为一句话

成祖千里迢迢来到北京，准备和鞑靼好好打一仗，灭灭鞑靼的威风，但是，十万兵力部署好后，一个关键的问题摆在了他的面前——选谁做主帅呢？

跟他一起靖难的大将大部分已经死了。最好的人选是大将张辅，可安南那边时不时还有些小风波，离不开他。思量来思量去，只有一个人选，那就是邱福。

邱福跟随成祖征战多年，已经六十多岁了。以他这把年纪，更适合留在家中养老，而不是出征。可眼前除了他，实在没有更合适的人选了。

成祖深知，虽然邱福作战勇猛，但不是个可以做元帅的人选，所以，在他出征前，成祖千叮咛、万嘱咐："这次出征，元帅一定要小心谨慎啊，如果看不准时机，就不要轻易出战！"

邱福满口答应，拍马而去。

看着远去的大军，成祖什么话也没说。突然，他好像想起了什么，一拍

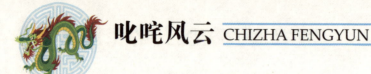

大腿，马上派人骑快马去追邱福，告诉他："如果有人说敌人很容易被打败，元帅千万不要相信！"

事实证明，成祖的千叮咛万嘱咐是有道理的。

在进军途中，邱福的手下抓住一个俘虏。这名俘虏告诉邱福，鞑靼军队就在前方不远处。

邱福一听，立刻把成祖的话抛到了九霄云外，在这名俘虏的引导下，向前方急速奔去。

可是，走了很长时间，连个人影都没看到。邱福有个手下觉得不对劲，就说："咱们不要贸然进军了，小心上了敌人的当。"

邱福不以为然，说："敌人肯定就在前方，我们赶快行动！"

手下见邱福不听自己的话，就提醒他说："难道您忘了皇上说的话了吗？"

可是，邱福却大怒道："再敢多言，小心本帅杀了你！"

就这样，邱福不听劝阻，继续率领大军前进。

事实上，这确实是鞑靼部设下的一个圈套，那名所谓的"向导"把大明军队领进了敌人的包围圈。

当邱福发现自己上当时，已经太晚了。

很可惜，最后的结果是，明朝全军覆没，邱福本人也被敌人杀死了。

叱咤风云 CHIZHA FENGYUN

天啊，皇帝冲在最前面

邱福战败身死的消息传来，朝廷上下无不震惊。成祖大怒，第二年亲自率领五十万大军，向鞑靼杀了过去。

本雅里失和阿鲁台吓坏了，当即决定逃跑。可是，本雅失里想往西跑，去投靠瓦剌部，阿鲁台却执意往东走。两人大吵一架，分道扬镳。

结果，本雅失里被瓦剌部杀了，而阿鲁台却不知所踪。

成祖心有不甘，又举兵向东，去寻找阿鲁台。可是茫茫大漠，去哪里寻找呢？没办法，只好宣布回去。

不过，这一次，成祖的运气真不错。

原来，阿鲁台害怕明军追杀，一直在大漠里瞎跑。这一跑，竟然阴差阳错地撞上了正回去的明军。

这真是"踏破铁鞋无觅处，得来全不费工夫"啊！

叱咤风云 CHIZHA FENGYUN

成祖乐坏了，他令旗一挥，命大军挡住了阿鲁台的去路，并派人劝阿鲁台投降，否则，死路一条！

唉，阿鲁台那点儿人，哪是明军的对手啊！很快他就派人告诉成祖，自己挺想投降的，希望能给他一些时间准备准备。成祖答应了。两军暂时安营扎寨，没有马上开战。

时间一分一秒地过去了。

突然，只听喊杀声震天，一支明军突然向敌人发起了进攻！这可太奇怪了，要知道，没有成祖的命令，擅自行动是违反军令，是要杀头的！

可是，大家再仔细一看，全都惊呆了——率先发起进攻的，竟然是成祖的卫队！冲在最前面的，竟然是皇帝本人！

原来，阿鲁台说他考虑投降是假，想偷偷逃走才是真。不过，成祖久经沙场，这点小伎俩怎么能瞒得了他呢？

见敌人有准备逃走的迹象，成祖又来不及通知三军，便带领身边的几千卫队，率先向阿鲁台发起攻击。

皇帝身先士卒，明朝的其他将士哪还敢愣着啊！于是，五十万大军一起如山呼海啸般地向敌军冲了过去！

这一仗打得天昏地暗，日月无光。最后，阿鲁台向明军投了降，并表示以后每年都向大明朝进贡。

成祖大获全胜，基本瓦解了鞑靼部的势力，心满意足地班师回朝了。

嘻哈园 XIHA YUAN

"新鞑靼"要崛起了？

经成祖这么一打，鞑靼大败而逃，消息传来，其他的蒙古部落都震惊了，当然，最高兴的就是瓦剌。

瓦剌的首领马哈木是个有野心的人，当然也很有能力。鞑靼失势后，他乘机扩大自己的势力范围，很多原来属于鞑靼的地盘都被瓦剌占领了。最后，阿鲁台不得不带着自己的人马，跑到大明来避难。

这不是又一个"新鞑靼"要崛起的架势吗？

看到这个形势，成祖有点儿坐不住了。他明白，一旦瓦剌强大起来，就一定会威胁到明朝的统治。

于是，成祖派人给马哈木送去一封信，大概意思是说，你们不要胡闹，把鞑靼的地盘重新还给人家吧。

都吃到嘴里了还能吐出来？马哈木当然不干，坚定地回了一句——那不可能！成祖一听就火了，那还有啥好说的，开战！

这次，选谁做主帅呢？还能有谁，能做大将的人都去世了，剩下的就只有成祖自己了！本来镇守北方的人就是成祖和宁王朱权，可后来成祖在南京做了皇帝，朱权又去了江西。所以，北方没有了大将镇守，这一出事就得成祖自己亲自出马。

就这样，成祖又一次踏上了北征的道路。

CHIZHA FENGYUN 叱咤风云

瓦剌人设下的圈套

公元1414年的春天,成祖调集了五十万大军,出征瓦剌。

需要再一次说明的是,大漠征战是很艰苦的,路途遥远不说,光是寻找对手,就够费劲的。所以,直到这年夏天,成祖才遇见一小股瓦剌的部队。

双方马上交火。小部队哪是成祖的对手,很快就成了成祖的俘虏。没过多久,明军就从俘虏口中得知,瓦剌的大军在前方不远处,一个叫忽兰忽失温的地方。

这是真的吗?消息来得太快,成祖有点怀疑,这支部队也许是马哈木的诱饵。

记者经过一番打探,对成祖佩服得五体投地。他想的一点都

这也许是马哈木的诱饵!

叱咤风云 CHIZHA FENGYUN

不错，马哈木确实已在忽兰忽失温设下圈套，等待明军自投罗网。

原来，马哈木明白，如果和明军硬碰硬地打，肯定打不赢。但是，瓦剌的优势也很明显，那就是他们的骑兵相当厉害。

而忽兰忽失温附近多山，把骑兵埋伏在附近的山上。一旦明军到来，瓦剌骑兵就可以借助山势，由上而下，向明军发起攻击！到时，就算明军再厉害，也抵挡不住。

然而，令人不解的是，虽然成祖已经料到前方一定会有埋伏，但他还是发出了向前行军的命令。这是因为成祖的军队已经出发好几个月了，再耗下去，粮食就可能不够用了，到时情况只会变得更糟！既然这样，那就决一死战吧！

叱咤风云

出击吧，神机营

明知山有虎，偏向虎山行！

在成祖的率领下，明朝大军浩浩荡荡地来到了忽兰忽失温。

走在最前面的是步兵。步兵怎么经得起骑兵的攻击呢？

马哈木站在高处，兴奋地看着眼前的一切，哈哈，朱棣，你已经掉进了我的陷阱，这一次，你插翅也难飞了！

眼看着明军越来越近，马哈木大手一挥，顷刻之间，号角声震天动地，瓦剌骑兵高声呐喊着，从高处的山坡直冲而下，像闪电一般，杀向大明军队！

可是，就在这千钧一发的时刻，令人想不到的事情发生了。

明军前方的部队突然向两侧散开，阵营中间冒出一支部队。这支部队与众不同，他们手中并没有拿通常的刀枪剑戟，而是拿着一件特殊的武器——火铳（chòng）！

他们将火铳对准了马哈木的骑兵。马哈木看见了，吓得大叫："是神机营！快撤！"

原来，成祖有一支很有名的战队，他们所持的武器是最为先进的火铳、火炮之类。由于火炮又被称为神机炮，所以，大家管这支部队叫"神机营"。

尽管瓦剌的骑兵都听到了主帅的呼唤，可是马听不懂啊，它们继续向前奔跑着！

成祖一声令下，神机营火铳齐鸣！刹那间，战场上火光

叱咤风云 CHIZHA FENGYUN

四射,硝烟弥漫,声响震耳欲聋!

这下瓦剌骑兵们可倒霉了,还没冲到明军面前,就已经被火铳打得人仰马翻,死的死伤的伤。马哈木一看,吓得面如死灰!

不过,这火器只能发射一次,如果在战场上安装新的火药,那时间是来不及的。但是,成祖不愧是一名出色的军事家,他早就做好了准备。

神机营发射完毕后,马上后撤,紧接着,明军中所有的骑兵一齐杀出,直奔瓦剌军!这时,瓦剌骑兵已经死伤一片,士气大减,而明军却以逸待劳,斗志昂扬!

不但如此,成祖又显示出了他马上皇帝的本色,只见他挥舞着大刀和众将士一起,英勇无畏地向敌军杀去!

大家想想,几十万大军在皇帝的率领下,向前冲杀,那是多么震撼的场面啊!瓦剌军完全抵挡不了,节节败退。马哈木呢,他比谁都狡猾,一看大事不妙,如脚底抹油——溜了!

这一次,成祖又击败了瓦剌,为北方边境换来了暂时的安宁。

BAIXING CHAGUAN 百姓茶馆

皇孙险些遇难

王裁缝：你们听说了吗？瓦剌军败走后，咱们大明军队全速追击，可追着追着，皇孙不见了！

李老板：是啊，这把皇上吓坏了。本来，皇上这次带上皇孙去打仗，是想让他长长见识、见见世面。万一出了什么差错，那可怎么向天下人交代啊！

刘秀才：没事了，是皇孙看明军追击瓦剌，看得兴起，就和他的部下李谦一起带兵冲杀过去。结果，孤军深入，被瓦剌军包围了。现在，他已经被皇上给救出来了。平安就好，平安就好！

丁掌柜：这李谦也真是的，皇孙不过是十几岁的孩子，不懂事，他可是久经沙场啊，怎么能犯这种错误呢？他最重要的任务就是保证皇孙的安全啊！

赵员外：唉，别说了，李谦怕皇上怪罪他，根本就没敢回营，自杀了！

鸿雁传书 HONGYAN CHUAN SHU

这真的是麒麟吗？

穿穿老师：

你好，朕又给你写信了，你最近过得还好吧？朕知道你见多识广，所以朕现在想问你一件事情。

郑和第四次下西洋后，现在还没有回来，不过他的手下杨敏先回来了，还给朕带回来一件绝世珍宝——麒麟！

那麒麟是祥瑞之兆。古今多少帝王都盼着麒麟现世，而这样的好事，竟然让朕遇上了！这是不是说明朕真的是千古明君呢？哈哈！

不过，大家毕竟都没有见过麒麟，不知你见过没有？

大明天子 朱棣

尊敬的皇帝陛下：

您好。谢谢您的关心，小民每天都过得很开心呢！

相传，麒麟头部像龙，长有鹿角，并且有狮子的眼睛，虎背熊腰，身上长满了鳞片，有四只和马相似的蹄子，还有一个和猪相似的尾巴。从这些特点来看，确实和杨敏带回来的那只动物很像。

但是，据小民所知，那只动物的脖子很长，小民听说，在东非一带，有一种动物叫长颈鹿。那动物该不会是长颈鹿吧，大家是不是弄错了呢？

《穿越报》编辑 穿穿

【公元1414年，出洋船队带回长颈鹿，一时被大家误认为是"麒麟"。】

名人有约

MINGREN YOU YUE

越越 大嘴记者

道衍和尚姚广孝 特约嘉宾

嘉宾简介：他学贯古今，胸怀大志，燕王能成就一代帝业，离不开他的鼎力相助。在所有人都盼望着封赏的时候，他却选择了功成身退，远离朝廷的明争暗斗。他就是永乐大帝的第一谋士、人称"黑衣宰相"的著名高僧——道衍！

越　越：大师您好，非常高兴能够采访到您这位神秘人物！

道　衍：（表情有些迷茫）贫僧很神秘吗？我咋没感觉到呢？

越　越：真的很神秘啊！打仗时，大家冲锋陷阵，只有大师您躲在后方的角落里嘀嘀咕咕……

道　衍：（打断记者的话）那不叫嘀嘀咕咕，那叫出谋划策！这就是所谓的运筹帷幄之中，决胜千里之外！

越　越：（很崇拜的表情）嗯嗯，大师真的很厉害啊！

道　衍：（有点得意）呵呵，那还用说！

越　越：那请问，像大师这么有谋略的人，为什么不去考科举、当大官，而是要出家当和尚呢？

道　衍：小记者，你可能不知道，贫僧十四岁就出家了，贫僧的谋略都是后来慢慢学习来的。

越　越：噢，原来是这样。但是，小民听人家说，大师后来又拜了道士为师，大师的信仰有点混乱啊！

道　衍：嘿嘿，这其实和信仰没什么关系。道士们会阴阳之术，看看风水、算算命什么的，贫僧觉得好玩，就跟着学了。贫僧一直都觉得，能学到东西才是第一位的，什么和尚道士，那都是形式，不重要！

越　越：（点点头）嗯，大师说的有道理……（仔细地观察起道衍来）

名人有约 MINGREN YOU YUE

道　衍：（有些不知所措）嗯？你看什么看嘛？贫僧一个糟老头子，脸上除了皱纹就没别的了，有什么好看的？

越　越：大师长得可真奇怪啊！大师的眼眶竟然是三角形的！

道　衍：原来你在看贫僧的眼睛啊！告诉你，身为奇人异士，长相当然会与众不同啦！当年有个相士，名叫袁珙（gǒng），他一看到贫僧这副长相，大吃一惊。他对贫僧说，像贫僧这种相貌的人，将来一定会闹出一场大风波，成为像刘秉忠那样的人！

越　越：刘秉忠是谁呢？

道　衍：刘秉忠也是一位和尚，当年忽必烈能够当上大元朝的皇帝，靠的就是他的智谋啊！

越　越：那大师和刘秉忠还真像啊，成祖也是靠大师的帮助，才登上皇位的。那个袁珙看人还真准啊！

道　衍：嗯，袁珙这小子，确实是有两把刷子的！

越　越：成祖当了皇帝后，准备给大师高官厚禄，赐大师俗家姓名姚广孝，希望大师可以还俗，听说还准备给大师娶媳妇呢，可大师都没有要，而是坚持去庆寿寺继续当和尚。大师为什么要这么做呢？

道　衍：小记者，你想想，自古伴君如伴虎啊！贫僧是成祖的第一谋士，如果贫僧一直表现得很张扬，成祖会不会觉得贫僧气焰嚣张、功高盖主呢？所以，做人还是低调一点好！

越　越：（竖大拇指）嗯，大师果然是高人！时间不多了，我再问最后一个问题——您为什么被称为"黑衣宰相"呢？

道　衍：你看看贫僧这身黑色的僧袍，难道还不明白吗？唉，孺子不可教也！（起身准备离开）再见！

越　越：呵呵，小民明白了。大师再见！

广告铺

关于设置贵州布政使司的通知

为了西南地区的繁荣与安定,现废除西南少数民族地区土司制度,设置贵州布政使司,由朝廷直接任命官员管理该地区。

特此公告。

大明吏部

重修《太祖实录》

朕最近又看了看《太祖实录》,发现其中有很多错误,很不合朕的心意,现特命有关史官重新修订,不得有误!

成祖

一封公告

现在,大明皇帝已经颁布圣旨,在咱们辽东地区设置建州左卫,并委任本人为都指挥使。所以,以后大家都要听本人的指挥,违令者斩!

猛哥帖木儿

投降书

尊敬的大明皇帝陛下,我已经被您打怕了,现在,我想向您投降,能把我安排在吐蕃(shī)部部下吗?臣将不胜感激。

阿鲁台

智者为王 ZHIZHE WEI WANG

第 3 关

智者无敌 王者为大

1. 郑和第一次下西洋，是从哪里起航的？
2. 在编书过程中，担任解缙助手的是谁？
3. 郑和第一次下西洋的船队，大概有多少人？
4. 郑和原名叫什么？
5. 郑和是汉族人吗？他的宗教信仰是什么？
6. 有一个喇嘛教和尚，他来到南京后，被封为大宝法王，他是谁，来自哪里？
7. 出兵安南时，主帅朱能病故了，成祖又任命谁做了主帅？
8. 郑和第一次下西洋，最远到达了哪里？
9. 成祖修了一部大百科全书，这部大典叫什么呢？
10. 由于没有丞相，朱棣为减轻工作负担，设立了什么制度？
11. 成祖派大将邱福去打蒙古鞑靼部，结果怎么样？
12. 陈氏安南政权被夺，国王被杀害后，陈氏还幸存了一位后人，他是谁？
13. 黎季犛篡夺安南政权后，给自己改了姓名，他叫什么？
14. 马哈木为什么要把决战之地设在忽兰忽失温？
15. 成祖有一支火器战队，这支部队叫什么名字？
16. 杨敏从西洋带回来的奇特动物，真的是麒麟吗？如果不是，它是什么动物？

穿越报
CHUANYUE BAO

第10期
公元1414年—公元1419年

夺嫡之争
朱棣篇

【烽火快报】
- 迎驾迟误，皇上发飙了

【绝密档案】
- 皇帝的难题
- 一次著名的对话
- 汉王的攻击

【叱咤风云】
- 皇帝也有朋友
- 杨士奇出招，致命一击

【名人有约】
- 特约嘉宾：杨士奇

【广告铺】
- 凡贪污者必严惩
- 关于和尚、道士的通知
- 运河民夫招聘启事

穿越必读 CHUANYUE BIDU

北征结束后，成祖回到了南京，可是，太子朱高炽迎驾迟误，让他大为生气。为什么这件不起眼的小事，会惹得成祖大发雷霆呢？这一切，得从汉王朱高煦说起……

烽火快报 FENGHUO KUAIBAO

迎驾迟误，皇上发飙
——来自南京的加密快报

来自南京的加密快报！

成祖北征大败瓦剌后，高高兴兴地回到了南京。不料，才刚回到南京，成祖就发了顿脾气。

原来，太子朱高炽一时大意，准备仓促，迎驾来迟了。按理说，不过是延误了一点点，不是什么大不了的事。那成祖为什么要发脾气呢？

据知情人透露，原来，这一切都是汉王朱高煦搞的鬼。

据说，成祖不在南京的时候，汉王就老向成祖打小报告，说什么太子图谋不轨啦，太子不守规矩啦，太子盼望他老爹快点死，然后登基做皇帝啦，等等。

成祖呢，刚开始听了有些不信，可是朱高煦一而再再而三地说，成祖就有点半信半疑了。

所以，这次迎驾迟误，一下戳中了成祖的心窝窝——你还没当皇帝呢，就开始不把我放在眼里了！

皇上生气了，后果很严重。其中，汉王"功不可没"！

汉王为什么要这么对待自己的亲哥哥呢？本报记者将为大家把这个谜底揭开！

JUEMI DANGAN 绝密档案

皇帝的难题

汉王为什么这么对待自己的亲哥哥呢？大家一定很好奇，其实说起来，"罪魁祸首"还是我们的皇帝陛下。

众所周知，成祖一共有四个儿子。因为老三还小，老四早夭，所以成祖当了皇帝后，只有大儿子朱高炽和二儿子朱高煦有当太子的资格。

根据嫡长子继承制度，应该立朱高炽为太子。而且他性格稳重，爱读书，有学问，还有百步穿杨的好箭法。当年靖难兵变，成祖离开北平去找宁王，留守北平的主将也是他。所以，不管是文还是武，朱高炽都是非常优秀的。

但是，成祖却并不喜欢这个大儿子，为什么呢？

绝密档案 JUEMI DANGAN

因为朱高炽是个胖子！而且不是一般地胖，是非常地胖。胖到什么程度呢？走起路来都有些吃力，甚至需要别人搀扶！

哎，你想想，英姿雄武的成祖，生了这样一个胖儿子，看着能顺眼吗？

相反，二儿子朱高煦呢，不但长得英武霸气，而且骁勇善战。当年成祖"靖难"时，朱高煦就曾立过赫赫战功，跟成祖简直是一个模子里刻出来的。更要命的是，当年靖难兵变时，成祖还给过朱高煦"承诺"。

那次战事危急，成祖差点顶不住了，而在关键时刻，朱高煦带着救兵赶来了！成祖十分高兴，为了鼓励儿子，拍了拍儿子的肩膀说："儿子啊，好好干，你大哥身体可是不好啊！"

朱高煦一听，老爹这不是话中有话嘛——大哥身体不好，你好好干，将来我当了皇帝，你就是接班人！聪明的朱高煦一听这话，热情高涨，立即带兵打败了敌兵。

后来，成祖果真当了皇帝，朱高煦就一直惦记着这事。

当然，成祖也没忘了这事。可是，如果立二儿子当太子，大儿子那儿说不过去；如果立大儿子当太子，二儿子那边又没法交待。更难办的是，文武百官的意见也不一样，有的人支持朱高炽，有的人支持朱高煦。

手心手背都是肉，成祖该怎么办呢？

JUEMI DANGAN 绝密档案

一次著名的对话

到底立谁为太子呢？成祖犹豫再三。最后，还是通过一次对话，让成祖下定决心，做出了选择。

和成祖对话的人就是《永乐大典》的主编解缙。

一天，成祖开门见山地问解缙："你觉得该立谁为太子呢？"

解缙是个读书人，深受儒家思想的影响，在他眼里，当然应该按照嫡长子继承制册立太子，因此他答道："大殿下仁厚，应该立他才是！"

成祖听了，沉默不语。

解缙是个聪明人，一下子就明白了，皇帝对这个回答不满意，于是他马上俯

> 想想"好圣孙"呐，皇上！

> 你觉得该立谁为太子呢？

身，又说了一句话："好圣孙！"

成祖一听这句话，本来阴沉的脸上，一瞬间有了喜悦的神色，他点了点头，露出了会心的笑容。

解缙的这句话，为什么会有这样的奇效呢？

原来，大皇子朱高炽有个大儿子，叫朱瞻基。这个朱瞻基呢，天资聪颖，活泼可爱，俗话说"隔代亲"，成祖对自己这个大孙子，那可是喜爱得不得了。

解缙说出"好圣孙"这三个字，一下就把成祖打动了，他心想：是呀，如果不立老大当太子，那我这个好孙子，将来可就没办法继承皇位了！

解缙的这三个字，终于让成祖下定决心，立大儿子朱高炽为太子，封二儿子朱高煦为汉王。

眼看到嘴的鸭子飞了。你说，这汉王能不生气吗？

嘻哈园 XIHA YUAN

汉王的攻击

没当上太子，汉王恨得牙痒痒。从此，他便开始了一系列打击太子哥哥的计划。

首先要对付的一个人，就是太子身边的智囊——解缙。要不是他，这个皇位早就是他汉王的了。所以，汉王对他恨之入骨。

再加上解缙确实与太子来往密切，这让成祖很不高兴。所以，没过多久，解缙就被赶出了京城。

当然，汉王的最终目标还是太子。但因为太子仁厚老实，文武百官大多都是他的拥护者，要打倒他，不是一件容易的事。

于是，汉王花了重金，收买了成祖身边的人，让他们成天在成祖

JUEMI DANGAN 绝密档案

身边说太子坏话。

成祖起先不信，但他常年出征在外，让太子留在南京监国、代理朝政。万一真像汉王所说，太子存有二心，那这个皇帝不是要换人了吗？

所以，后来他就半信半疑，开始有事没事地抓太子的小辫子。

有一次，成祖突然对太子的工作进行了一次突击检查，把太子狠狠地教训了一顿，还把他身边的一些官员给抓了起来。

有个大臣为太子抱不平，说太子没有犯什么大错，不应该这么对待他。成祖听了，这还了得，我还没死呢，就偏向太子了，一气之下，给那大臣扣了个"离间我们父子感情"的帽子，将他杀了。

现在，又发生了迎驾延误的事情。这一次，太子能够安全过关吗？

叱咤风云 CHIZHA FENGYUN

皇帝也有朋友

迎驾延误本是一个小事情，但惹得成祖生气了，就成了一个大事件，后果很严重。

成祖先是把太子狠狠地骂了一顿。不过，太子毕竟是自己的儿子，骂骂也就可以了。但是，对太子身边的那些大臣们，比如杨溥，成祖可就一点儿也不客气了，统统投进了大牢。

一时间，朝廷上下人心惶惶。

眼看太子的好日子就要到头了，不少人都躲着太子，有的人甚至改变立场，转而支持汉王了。

当然，并不是所有大臣都是随风倒的墙头草。有一个人，不管太子处境多么困难，他都坚定地站在太子身边。

这个人就是杨士奇。

说起杨士奇，就不得不介绍一下他的经历。

杨士奇很小的时候，父亲就病逝了。后来，母亲改嫁到一个

叱咤风云

官宦人家,他便随继父罗性而改姓罗。

起先,罗性并不喜欢杨士奇,毕竟不是亲生儿子嘛。后来有一次,罗家举行祭祀祖先的仪式,八岁的杨士奇看见了,便找了个偏僻的角落,立起一块小木牌,偷偷地祭拜自己的父亲。

这一幕恰好被罗性看见了。于是,罗性对杨士奇说:"你以后不用姓罗了,还是姓杨吧。"

杨士奇很吃惊,他以为罗性生气了,想赶他走。可是紧接着,罗性说道:"我那几个儿子,没有一个成器的,你长大后,可要多关照他们啊!你小小年纪寄人篱下,却不忘生父,将来一定很了不起!你一定不会辱没你父亲的姓氏!"

此后,杨士奇便恢复了自己原来的姓,罗性也对他倍加关照,供他读书。

后来,罗性因得罪权贵被抄家发配。杨士奇和母亲又一次没有了依靠,杨士奇只好以教学为生,过着清苦的生活。这期间,他一有时间就埋头苦读,渐渐地,成了一个学识渊博的大学问家。

不久后,他经人推荐,进入翰林,成了一名编纂官。

是金子,终究要发光的。

成祖做了皇帝后,为了减轻自己的工作负担,成立了一个"内阁"小组

叱咤风云 CHIZHA FENGYUN

（相当于秘书），让他们在文渊阁帮助自己处理政务。小组一共有七名成员，每一个都是皇帝的心腹，普通官员见了他们，都会敬畏三分。而杨士奇，就是其中的一个。

站在朝廷的风口浪尖，未来谁当太子，对这些内阁成员都有着至关重要的影响。不少人也劝过杨士奇，说太子的位置快要保不住了，让他另找"山头"，但杨士奇依旧不改初衷。

这一天，成祖见到杨士奇，问道："太子是不是和朕不一条心呢，否则，他怎会迎驾迟误呢？他这分明是在藐视朕嘛！"

杨士奇回答道："陛下，太子一直都十分尊敬、孝顺您啊，上次迎驾迟误的事情，都是我们这些大臣没安排好，怪不得太子啊！"

杨士奇的回答，如一位良医，抚平了成祖烦乱的心。

是啊，既然是大臣们没尽到职责，总不能因为这些小事，就夺去他太子的位置吧，那样岂不是太不讲情面了？

就这样，朱高炽的太子之位总算是保住了。

怪不得太子啊，皇上！

BAIXING CHAGUAN 百姓茶馆

好可怕的锦衣卫

哎呀，你们听说没有，大才子解缙死了！本来以为他是太子党，皇上把他关进监狱，只是想吓唬吓唬他，谁知……皇上心可真狠啊！

王秀才

刘秀才

那个锦衣卫的头儿纪纲，心也挺狠啊！他让大学士吃了顿好酒好菜，然后把人拉到雪地里，硬是把人给活活冻死了！

说起锦衣卫，我这腿都哆嗦！你们知道锦衣卫的诏狱吗？那真是世界上最可怕的监狱啊！阴冷潮湿，恶臭熏天！只要被关进诏狱，很少有人能活着出来！犯人被折磨得不成人样，真是太可怕了！

李员外

张秀才

不光是这样，那些锦衣卫们没事干，成天研制一些新刑具！这些刑具都变态得很，什么夹棍、老虎凳之类的，可怜那些犯人们，完全成了新刑具的试验品啊！

那个纪纲作恶多端，多少仁人志士都死在了他的手里！你们看着吧，像他这么可恶的人，是不会有好下场的！

裁缝老赵

叱咤风云

杨士奇出招，致命一击

在汉王的一再打击下，太子党的人气大跌，汉王得意极了。

一高兴，汉王就管不住自己的嘴巴了，到处跟人宣扬："本王这么英明神武，是不是和当年的李世民很像啊？"

大家都知道，李世民就是唐太宗，跟汉王一样，也是排行老二，没有当上太子。但他发动玄武门之变，杀了自己的大哥和三弟，逼着老爹让位，最后当上了皇帝。

汉王把自己比作李世民，也是可以理解的，毕竟背景十分相像。但他忽略了一点，李世民的老爹是李渊，而他的老爹是成祖！成祖年富力强，怎么可能像李渊一样让位呢？

大家都替朱高煦捏了一把汗：朱高煦啊朱高煦，你说出这样的话，不是自己找死吗？

果然，这番话很快传到了成祖的耳朵里。成祖果真大为恼火——好小子，想抢我的位子啊，门都没有！成祖雷厉风行，当即做出决定，改汉王封地为青州，让他马上去就藩。

汉王还是像往常一样，又耍无赖，赖在京城不肯走。

杨士奇敏锐地觉察到，在这关键时刻，只要再向前推一把，汉王将彻底失去皇上的信任。

机会终于来了。有一天，成祖问杨士奇："最近关于汉王有很多不好的传闻，你知道这些事情吗？"

杨士奇回答道："臣一直陪伴太子殿下，汉王的事，臣不太清楚。"

啊？也许你会奇怪了，杨士奇这样回答，明明是在帮朱高煦打掩护嘛！别急，杨士奇的话还没有说完呢，只听他接着说："可是，汉王一直不肯去就藩，执意留在京城，他想干什么呢？"

杨士奇太厉害了，这几句话一出，对于朱高煦来说，无疑是"致命一击"啊！

这下，成祖的头脑马上清醒了：是啊，朱高煦这小子执意留在京城，他想干什么呢？他不会想造反吧？

成祖怒了，这次说什么也不行了，必须把朱高煦赶走！

于是，成祖把朱高煦的封地又改在了乐安，并且命令他马上去就藩！

这一次，汉王再求爷爷告奶奶也不行了，没办法，他只好去了乐安府。远离了京城，夺太子之位的美梦就这样完全破灭了。

就这样，这场纷乱的夺嫡之争，终于告一段落了。

鸿雁传书 HONGYAN CHUAN SHU

最后的请求

穿穿老师：

您好，贫僧是姚广孝，也就是道衍和尚。现在，贫僧年迈多病，恐怕不久于人世了。

您知道，贫僧帮助成祖夺了皇位，建立了不朽的功业。可是，成祖为了巩固皇位，也杀了不少朱允炆的旧臣。对于这些暴行，贫僧也应该承担一些责任。对此，贫僧心里一直很内疚。

现在，大牢中还关着一名僧人，叫溥（pǔ）洽。传言他知道朱允炆的下落，所以就一直被囚禁了很多年。贫僧临死之前，想做一件善事，求皇上放了溥洽。您觉得，皇上能答应本人这最后的请求吗？

太子太傅 姚广孝

姚大人：

您好，读了您的来信，我心中很感动。

确实，身为一名和尚，您却投身造反这一行，似乎显得很不守本分。但是，在靖难之役中，您充分展现了自己的智谋，也算不负平生所学吧。后来，您还与解缙一起主持了《永乐大典》的编纂工作，为国家的文化事业做出了卓越贡献。您的一生应该没有什么遗憾了。

成祖一生中最亲近、最信任的人，无疑就是大人您了。大人最后这个善良的请求，小民相信陛下一定会答应的！

《穿越报》编辑 穿穿

【公元1418年三月，姚广孝病逝。临死之前，成祖答应了他的请求，释放了僧人溥洽。】

名人有约

MINGREN YOU YUE

 越越 大嘴记者

杨士奇 特约嘉宾

嘉宾简介：他的童年，是在寄人篱下中度过的；他的才学，是在颠沛流离中积累的。他做过乡村教师，也当过芝麻小官，他的仕途，是在曲折坎坷中开始的。他尝尽了人生百态，却依旧保持着赤子之心，在险象环生的夺嫡之争中，他坚定地站在了太子朱高炽一方。他就是当朝内阁大臣、著名的"太子党"成员——杨士奇！

越　越：杨大人好，恭喜你们打败汉王！

杨士奇：这是我们的喜事，也是天下百姓的喜事！太子殿下仁厚忠义，相信他将来一定是位仁德之君。

越　越：确实，不过今天我们想聊的不是太子，而是大人您。

杨士奇：我就是一个读书人，小记者有什么想问的呢？

越　越：杨大人太谦虚了。对于大人的童年，我们已经略有了解。能跟我们谈谈大人那非同一般的青年生活吗？

杨士奇：也没有什么不一般的，就是跟大多数年轻人一样，打过工，吃过苦。我当时做私塾先生，收了一些学生，收入也不高，勉强够糊口罢了。

越　越：据说大人当时虽然很穷，但还总是帮助他人？

杨士奇：小事一桩。那时，我有一个朋友，他家里也很穷，家中还有老母亲，于是，我就把我的学生分了一半给他。

越　越：（竖大拇指）分一半学生，那不就意味着分一半收入给他吗？大人那么穷，还这么大方啊？

杨士奇：人穷怎么了？人穷就不能助人了吗？我们人穷，可志不能穷。况且，钱财乃身外之物嘛，不必看得太重。

越　越：那大人的母亲应该很不乐意吧？

杨士奇：我开始也以为她会责怪我，谁知，母亲竟然高兴地说，'你这样做，不枉我把你养育成

名人有约 MINGREN YOU YUE

人啊！'

越　越：（赞叹）原来大人还有这么一位好母亲。请允许小民在这里，对她老人家致以崇高的敬意！（站起来敬礼）

杨士奇：作为母亲就应教导好儿子，这也是正常的。

越　越：是不是因为收入太低，所以后来大人去县里的衙门做了个小官？

杨士奇：（脸红了）这个经历我一般都不想提，说出来丢人。

越　越：（好奇）丢人？为什么呢？

杨士奇：唉，那官我才做了没多久，就犯了个大错——我把衙门印章给弄丢了！

越　越：（吃惊）啊？怎么那么不小心啊！弄丢衙门印章，可是要被治罪的！那后来呢，大人去自首认罪了吗？

杨士奇：（有点不好意思）呵呵，说出来不怕你笑话，我当时直接弃官逃跑了！

越　越：啊？畏罪潜逃，这可不像大人这样的谦谦君子做的事啊！

杨士奇：我不这样认为。我虽然爱读书，却不是书呆子。因为这样的事，白白坐几年大牢，太不划算了。时间宝贵，我还想做一些更有益的事呢！

越　越：嗯，看来大人很会变通嘛！确实，伴君如伴虎，天天跟皇上打交道，太死脑筋肯定是要吃亏的。大人的同事杨溥杨大人就太一根筋了，最后惹怒皇上，被关进了大牢。

杨士奇：（摇了摇头）话也不能这样说，每个人的处世方式不同，不能一概而论。杨大人可是一位刚正不阿的君子呢！你想想，杨大人被关进了诏狱，那可是个九死一生的地方，可是，他却毫无惧色，气定神闲，每天在大牢里坚持读书。就凭这份勇气，我就佩服他！当今朝廷中，像他这样的大臣，很难再找出第二个呢！

越　越：（点了点头）嗯，听大人这么一说，杨溥大人还真让人敬佩啊！希望他能有好运，早一点儿出狱吧。

杨士奇：嗯，当今万岁年事已高，如果有一天他不在了，新皇帝登基，相信杨大人一定能重见天日，再次为国家出力的。

越　越：（吐了吐舌头，压低声音）杨大人，这种话可不能乱说啊，被皇上知道了可不得了！

杨士奇：呵呵，没想到你这个小记者，说话做事比我还谨慎哦！

越　越：当然了！小民得为大人着想。好了，时间不早了，杨大人，咱们的采访到此结束吧！

广告铺

凡贪污者必严惩

　　唐太宗憎恶官吏贪污,凡是贪污的人,必定绳之以法。所以,当时的官吏清廉严谨,百姓也免于搜刮之苦,并出现了"贞观之治"的盛世景象。

　　朕也曾颁布诏书,任何朝廷命官不许随意奴使百姓,敛取财物。但总有不法官吏肆意妄为,不听朕的话。从今以后,如还有官吏贪赃枉法,决不宽恕,一定严惩!

大明天子朱棣

关于和尚、道士的通知

　　由于出家当和尚、道士的人越来越多,不利于生产,现规定:府一级的僧人、道士为四十人,州一级的为三十人,县一级的为二十人。当和尚、道士必须有亲戚、邻居做担保才行。并且,出家五年后,参加我司举行的考试,合格者将获得许可证,不合格的人还是回去当平民百姓吧。

僧录道录司

运河民夫招聘启事

　　为保持运河畅通,现需在运河沿线建有水闸的地方,或河道比较浅、船只航行不畅的地方,每隔一定距离设置庐舍,并派驻一定数量的民夫,负责养护水利设施,引导过往船只。

　　现特代表工部,招民夫若干名。要求长年劳动、生活在运河岸边,对山东境内大运河附近的地势和水情十分熟悉,并对治水和行船也有丰富的实践经验等。

运河老人白英

(编者注:白英是明朝著名水利专家。)

第11期
公元1420年—公元1421年

迁都那些事儿
朱棣 荐

穿越报
CHUANYUE BAO

【烽火快报】
- 天子要迁都

【绝密档案】
- 不要美食要泡菜
- 迁都之事,"蓄谋已久"

【叱咤风云】
- 臭名远扬的东厂
- 皇宫起火,是迁都惹的祸?

【文化广场】
- 独一无二的经典之作——紫禁城

【名人有约】
- 特约嘉宾：杨荣

【广告铺】
- 宴会邀请贴
- 劝和书
- 东厂成立了

穿越必读 CHUANYUE BIDU

经过周密的计划与准备后,成祖正式迁都,将北平改名为北京。可是,刚刚迁都不久,皇宫之中就突发大火,三大宫殿全部化成了灰烬。这难道真的是老天不满,对他发出的警告吗?

烽火快报

天子要迁都
——来自南京的加密快报

公元1420年,一道震惊天下的消息从南京传来——成祖要迁都北平!

按理说,南京这座古城环境优美、经济富足,又有长江天险可做防卫,把它作为都城,是再合适不过了。而北平,自从元朝灭亡后,就成了一座比较冷清的城市。

放着繁华的都市不要,偏要迁都北平,朝中的大臣是十二万分的不乐意。

因为他们大多都是南方人,习惯了南方的秀美山水,习惯了南方的精美食物,习惯了南方的温暖气候,一想到北方那座风沙大又空旷的城市,他们就打心眼儿里抵触。

更何况,这么多人一下子搬过去,拖儿带女,长途跋涉,他们长期养尊处优惯了,哪吃得了这样的苦?

但是,成祖向来说一不二,他决定的事,谁都不能反对。

因此,迁都这个事已经是铁板钉钉的事了。大伙儿都收拾收拾,准备迁往新的家园吧!

来自南京的加密快报!

不要美食要泡菜

说实在的，迁都可不是一件简单容易的事。它可不是搬家，几个人收拾一下就完事了。迁都，意味着千千万万户人家要集体大搬家，这可是一个大工程啊！

那皇上为什么这么坚决地要迁都呢？记者经过一番打探，终于了解到皇上的一些苦衷。

事情的源头还得追溯到成祖刚当皇帝的时候。北元军见北平防御松懈，就跑过来，大摇大摆地抢掠了一番，就像进出自己家一样，来去自由。

成祖听说了这事，相当恼火，就问大臣们："现在北方这么乱，这样下去，谁来为这个事负责？"

大臣们一声不吭，眼睛呢，都盯着成祖。

　　成祖被盯得发毛，仔细一想——唉，应该为这事负责的不是自己吗？

　　要知道，北平原本就是成祖的地盘。成祖当年的任务就是维护北平的安全。现在他一仗打到了南京，北平的兵少了，当然挡不住那些跑来抢掠的北元军了。

　　明白了事情的缘由，皇上决定为这个错误买单，那就是迁都！

　　当然，除了以上原因，记者还打探到一个秘密：成祖二十一岁时就去了北平，他不但喜欢北方的食物，还特别爱吃朝鲜的泡菜。所以，南方的好山好水好食物对他来讲，都没什么兴趣。

　　好了，既然北方需要他，他也喜欢北方，那就迁都吧！

迁都之事,"蓄谋已久"

也许有人要问了,这么多人搬过去,要吃要喝还要住,那个破败的北平有粮食吃、有地方住吗?

嘿嘿,别担心,这些事成祖早就准备好了。

既然要把北平作为都城,它就要有个首都的样子,不但要有金碧辉煌的皇宫,还要有整体的城市规划。

成祖原来做燕王时,在北平有燕王府,但燕王府毕竟只是一个藩王的府邸,和京城皇宫的规格比起来,还差得太远。所以,从公元1417年开始,成祖就下了一道圣旨,大规模地修建北京的皇宫。

与此同时,开始全方位的规划北京城,修建了数条主线和很多条支线,城市被规划成很多个方块,并在下面铺设了下水道,

我早就想好怎么安排啦!

JUEMI DANGAN
绝密档案

防止下大雨时路面积水。

好了,住是没问题了,作为一个国家的首都,说白了还得有钱、有人气!

可是,皇宫可以修,城市街道可以规划,但人来人往的繁华景象,也可以"人工制造"吗?

当然可以!这也难不倒成祖。他通过一次"国民经济调查",收集了一份富户人家的名单,然后,给这些人家下了一道"强制拆迁令"——命他们收拾家什细软,马上搬到北京去!

皇上的命令,这些人当然不敢不听了。于是,他们不得不离开风清水暖的江南,长途跋涉,来到千里之外的北京。

好了,现在有了钱又有了人,北京城又开始热闹起来了。

但是,问题又来了。这个问题如果没办法解决,之前的一切努力都要付诸东流了。

绝密档案 JUEMI DANGAN

那就是北京不是产粮区，北方的粮食也不多。人是铁饭是钢，人都要吃饭，可没有粮食，是万万不行的。

也许你又要说了，这还不简单嘛，从外地往北京运粮呀！

但是，事实是由于交通不便、路途遥远，把粮食从南方运到北方，成本非常高。打个比方说，一个人运一车粮食上路，就要再带一车粮食作为路上的口粮。这就等于说，运一次粮食，在路上就要消耗一半！

所以，走陆路运输根本行不通！唯一的办法是走水路，用船来运输。用官方的说法，这就叫"漕运"。

可是悲伤的是，水路也行不通！因为那条连接南北的隋唐大运河，由于年久失修，已经有多处淤塞不通了。

当然，这个问题成祖也早就想到了。早在公元1411年，他就派人开通了运河中非常重要的一段——会通河。到了公元1415年，南北漕运完全开通。北京的粮食问题再也不用发愁了。

所以，在正式宣布迁都之前，成祖把一切都已经准备妥当。有这么一个大当家，我们还需要担心什么呢？大家赶紧收拾收拾，跟着一起搬吧！

嘻哈园 XIHA YUAN

鸿雁传书 HONGYAN CHUAN SHU

搬到北京，南京怎么办？

穿穿老师：

您好，虽然大家都反对朕搬到北京去，但朕心意已决。当年"靖难"，建文帝的支持者多半是江南士族。朕为了维护自己的统治，不得已杀了很多人，这些人对朕都颇有怨言。

这里根本不是朕的地盘，朕也不喜欢这里。所以，从朕取得皇位的第一天起，朕就有了迁都的打算。但现在问题是，南京是老爸太祖皇帝定下来的都城，朕要是跑到北京去了，那南京出了事，该怎么办呢？

大明天子 朱棣

陛下：

关于迁都的决定，小民是十二分的赞成。那些大臣不支持，陛下也不必放在心上。英雄的胸怀，不是一般人能理解得了的。多年之后，他们就会明白，陛下做了一件多么伟大的事情！

至于搬到北京后，南京怎么办？这里小民提点小小的建议。陛下可以把南京改为陪都。陪都也和首都一样，除了没有皇帝常住外，其他各种组织机构，北京有一套，南京也设一套。北京有六部，南京也设有六部。北京的国子监叫"北监"，南京的国子监就可以叫"南监"。

当然，陪都和首都还是有区别的，首都的六部有实权，所有事情都要集中到首都办理；陪都的六部没有实权，有哪个令陛下不满意的官，陛下都可以把他们放到南京来。这样，一来可以保护运河交通线，二来可以加强对南方人民的管理。您觉得怎么样？

《穿越报》编辑 穿穿

【朱棣正式迁都北京后，设南京为陪都，形成了南北"两京制"。】

臭名远扬的东厂

由于宫中发生了很多事情，朝中很多大臣和老百姓都在后面议论纷纷，而锦衣卫又设在宫外，和百官交往密切，成祖觉得很不放心，便决定在东安门设立了一个新的机构——东厂。

东厂的首领掌印太监由皇帝宠信的宦官担任，负责监视政府官员、社会名流、学者等各行各业的人。他们什么都管，什么都看，当官员审案，他们要派人听审；六部的文件，他们要派人查看，甚至还派人到各个衙门坐班。

一开始，东厂只负责侦缉、抓人，抓住的嫌疑犯都交给锦衣卫审判。慢慢地，东厂就可以直接对犯人进行审判，甚至还设立了自己的监狱。

由于东厂与皇帝的关系密切，又处于宫内，更容易得到皇帝的信任。这样锦衣卫也在东厂的监督之下，有的锦衣卫指挥使见了东厂的掌印太监，甚至还要下跪叩头。

让人好笑的是，一进东厂的大堂，你就可以见到墙上挂着一幅岳飞的画像，还刻着狄仁杰断案的故事，堂前还竖立着一座"百世流芳"的牌坊。看来他们是希望像这些偶像一样，流芳百世呀！

然而，由于东厂镇压反对派的手段特别残酷，加上为了肥自己的腰包，制造了大量冤假错案，因此，东厂在社会上是臭名远扬。

叱咤风云 CHIZHA FENGYUN

皇宫起火，是迁都惹的祸？

公元1421年的大年初一，在北京新建成的宫殿中，成祖正式升班坐朝，接受大家的朝贺。从这一天起，大明朝正式以北京作为自己的都城，而历史也将掀开新的篇章。

可是，新生活没过多久，又一件大事发生了……

皇宫突然起火了！新修成的奉天殿、华盖殿和谨身殿遭到雷击起火，连续烧了几天几夜，全都化为了灰烬！

这下成祖傻眼了。

要知道，自古以来，但凡遇到什么天灾，大家都会认为是皇帝做错了事情，惹得老天爷生气了，才会用这样的方式发出警告。

所以，成祖心里也有点不安。于是，他便让大臣们畅所欲言，谈谈对这件事的看法。

叱咤风云 CHIZHA FENGYUN

这一下,朝中可炸开锅了。要知道,对迁都一事,大臣们本来就很不愿意,现在,总算找到了抱怨的机会,他们纷纷上书,说法全都一样——这是上天示警,在责怪皇帝迁都啊!

看到这么多人反对自己,成祖很不高兴,让这些大臣跪在午门外辩论。

最后,他心一横,咬着牙对大家吼道:"你们都在胡说八道!这跟迁都有什么关系!这就是自然灾害,从此以后,禁止任何人讨论迁都的事情!"

皇帝一发威,大臣们都不敢吱声了,把成祖惹急了,那可是要掉脑袋的!

最后,这件事就这样不了了之了。看来,哪怕老天爷的脾气再大,我们皇上也不会把金銮殿搬回南京去的!

百姓茶馆 BAIXING CHAGUAN

皇上赶快停手吧

唉，花了这么多银子，费了这么多人力，宫殿一下子就没了，真是可惜啊！你们说，这好端端的皇宫怎么就起火了呢？

茶馆于掌柜

宫女采玉

宫里发生火灾，其实都是内部人搞的鬼。这次好像是宫里有人偷了东西，但被人发现了，于是他就放了一把火，想一烧了事。这事宫里常有，烧了再修，修了再烧，反正是老百姓出钱。

这事会不会跟后宫有关？前段时间后宫不是出大事了吗？两个妃子犯了事，怕皇上治罪，自杀了。她们的奴婢受不了严刑拷问，居然供出有人要谋害皇上！

王秀才

李秀才

严刑拷打问出来的话未必是真的。不过，不管是真是假，皇上是不会轻饶了她们的。这次被牵连杀害的宫女有两三千人呢！

那这次皇宫起火，是不是老天爷生气了，责怪皇上大开杀戒呢？希望这场腥风血雨赶快过去，皇上赶快停手吧！

张秀才

独一无二的经典之作——紫禁城

自公元1406年起,成祖就下令建造紫禁城。他集中全国最优秀的工匠,先后征调了上百万民工和军工,经过长达十四年的时间,终于建成了这组规模宏大的宫殿群。

紫禁城南北长约一千米,东西宽七百五十三米,内有建筑物多达九百八十座,房屋九千九百九十九间。四面环绕着十米高的坚固城墙,城墙外还环绕着宽阔的护城河。城内宫殿都是清一色的红墙黄瓦,金碧辉煌,一条八公里长的中轴线纵贯北京城南北,内城、皇城和宫城都以这条中轴线为中心,对称展开。紫禁城内的主要建筑就坐落在这条中轴线上,布局严谨,体现了皇帝至高无上的权威。

为什么取名叫"紫禁城"呢?"紫"来自于紫微星,中国古代的天文学家们认为紫微星长期在天空的正中央,是代表天帝的星座。而宫殿是皇帝的居所,因此称为"紫宫"。"禁"表示皇宫是皇家重地,除了皇帝及其眷属,还有为其服务的宫女、太监、侍卫以及被召见的官员外,闲杂人等一律不得入内。这就是"紫禁城"的由来。

虽然明成祖修筑紫禁城,是希望自己及子孙们身居紫宫,可以令四方归化、八面来朝,从而达到千秋万载、江山永在的目的,却在无意中成就了中国建筑史上独一无二的经典之作,相信后世也很难再有超越它的建筑了。

名人有约 MINGREN YOU YUE

越越 大嘴记者

杨荣 特约嘉宾

嘉宾简介：他为人机敏通达，善于察言观色，谋而能断，老成持重，尤其擅长谋划边防事务。然而他恃才傲物，难容他人之过，还常常接受他人馈赠，惹来他人非议。他就是与杨士奇、杨溥并称"三杨"的新任内阁首辅大人——杨荣！

越　越：杨学士，您好，恭喜您荣升内阁首辅。

杨　荣：还好还好。

越　越：小民听说这次迁都一事，学士是皇上的支持者之一？

杨　荣：这事是件好事，为什么要反对呢？皇上是个很有远见的人，迁都北京，短时间内看到的是费钱费力，但从长远看，却可以巩固边防，对北元势力是很有震慑作用的。

越　越：那确实，看来学士跟皇上一样，也是一个很有远见的人啊！

杨　荣：不敢，不及皇上的万分之一。

越　越：杨学士太谦虚了。您要是没有远见，当年怎么会拦住燕王，坐上现在这个位置呢，是不？

杨　荣：嗯，你说的确实没错。当年燕王攻破南京，准备去大殿登基，我当即奋勇而出，站在了他的马前，挡住了他的去路。

越　越：学士的胆子可真大啊！皇上的脾气很暴躁，杀了不少人呢，您不怕吗？

杨　荣：（面带得意）呵呵，我饱读诗书，通晓古今，不做没把握的事。当时，燕王确实很生气，可是，我说了一句话后，他马上就没脾气了。

越　越：学士说了什么呢？

杨　荣：我说的是，'殿下，你是先去登基做皇帝，还是先去孝陵祭拜先皇呢？'燕王一听，恍然大悟，赶快就去拜谒孝陵啦，哈哈！

名人有约

越　越：小民不明白，这句话有什么玄机吗？

杨　荣：当然了。陛下这皇帝的宝座，是从侄儿建文帝手中夺来的，可以说是来路不正。而如果陛下先去祭拜太祖，就表示他确实是为了大明的江山才这样做，那样，他的皇位就是合法的。可是，皇上当时急着去登基，把这事给忘了，要不是我提醒，皇上又要给别人留下很多话柄啊！

越　越：所以小民说学士有先见之明，要不是觉得燕王能当皇帝，学士也不会去提醒他呢，对吧？

杨　荣：（脸红）良禽择木而栖。既然建文帝没有这个能耐，做臣子的也只好另选山头了。

越　越：理解理解。像杨学士这样才智过人的人，建文帝只是让您当了一个小小的翰林编修，实在是有点屈才了。比起如今这个内阁首辅的名头，实在是小巫见大巫了。

杨　荣：这都是凭借皇上对我的信任和厚爱啊！

越　越：杨学士太谦虚了。听说在一次北征途中，大明军队的粮食不够用，是您出谋划策，才解决了问题？

杨　荣：嗯，不假。当时有几支军队有粮食，另外几支军队缺粮食。我就给皇上提建议，让粮多的军队，先借点粮食给缺粮的军队，一起渡过难关。

越　越：军队之间调配粮食，很难吗？

杨　荣：当然了，每一个番号的部队都有自己的军粮储备，谁愿意借给别人呢？皇上采纳我的建议后，向他们保证，凡是借粮给别人的军队，回到京师后，加倍补偿，他们这才同意。

越　越：（竖大拇指）杨学士果然厉害，怪不得皇上这么器重您。好了，这次采访就到这里了，杨学士，再见！

广告铺

 宴会邀请贴

近日，阿丹、古里、锡兰山、苏门答腊、阿鲁、满剌加、甘巴里等十六国，派使者前来朝贡，并送来许多名马和特产。为表示感谢，我们将举行一场盛大的宴会，以慰劳各位使者。

大明礼部

 劝和书

听说诏纳村儿（编者注：其为印度中部的一小国）与榜葛剌国（编者注：今孟加拉国）大动干戈，我大明皇帝特派我前来劝和，希望两国以百姓安乐为贵，罢兵言和。如若听劝，可赐金币若干。

大明使者侯显

 东厂成立了

近日来都城中发生了很多事情，原先的锦衣卫人手不足，用起来也不方便，为防止奸贼和谋反分子作乱，特在东安门北设立"东厂"，协助朕缉查暗访，直接对朕负责。除朕外，任何人都无权管理东厂，包括太子。

大明天子朱棣

穿越报
CHUANYUE BAO

第12期
公元1421年——公元1424年

未竟的远征
朱棣篇

【烽火快报】
- 这个皇帝爱打仗

【叱咤风云】
- 倒霉的替罪羊
- 一个神秘的夜晚
- 最后的征途

【文化广场】
- 皇帝的称呼怎么那么多？

【名人有约】
- 特约嘉宾：朱高炽

【广告铺】
- 欢迎西洋的朋友们
- 赦免令
- 太子的慰问

【智者为王】
- 第4关

穿越必读 CHUANYUE BIDU

尽管把都城迁到了北京，但北方大漠还是不安宁，因为阿鲁台时不时就跑出来捣乱。年迈的朱棣不得不一次又一次踏上远征的路途……

烽火快报 FENGHUO KUAIBAO

这个皇帝爱打仗
——来自北京的加密快报

大家都还记得阿鲁台吧,就是那个鞑靼部的头目。十几年前,这家伙被成祖打得没办法,只好交了投降书,老实了一段时间。

现在,这家伙又有点儿不老实了。这不,成祖迁都后不久,就收到了边境的报告——阿鲁台又干起了打家劫舍的勾当!

看来又得再给阿鲁台点颜色看看了!

于是,成祖召集群臣,一起商议北征的事情。商量来商量去,成祖觉得这事儿,他最有经验,只有他亲自出马,才能打胜仗!

可是,大臣们却不这么看,尤其是夏原吉,他强烈反对。为什么呢?

因为成祖已经老了!一个将近五十岁的老人,应该打打牌,养养花,在家好好待着,怎么能跟毛头小伙子一样,老在外面打仗呢?这应该是武将们的工作才对呀!

本是一片好心,成祖听后却大为恼火,给夏原吉扣了个"扰乱朝政"的罪名,把他关进了大牢,还抄了他的家。

夏原吉一遭殃,其他大臣就都不敢再说什么了。碰上这么一个爱打仗的皇上,有什么办法呢?

来自北京的加密快报!

倒霉的替罪羊

公元1422年,成祖不顾大臣的反对,再次披上盔甲,带着大军出征了。他的目标只有一个——消灭阿鲁台!

可是,一听说成祖亲自率大军前来,阿鲁台跑得比兔子还快,一溜烟儿躲进了大漠深处。

找不着阿鲁台,成祖气得胡子撅起老高。大军浩浩荡荡地来了,总不能就这么干巴巴地回去吧?最后,成祖大手一挥,大军掉转方向,进攻兀良哈!

兀良哈部是哪个部落?大家对朵颜三卫还有印象吧,朵颜三卫就属于兀良哈一部。按说,兀良哈部臣服于明朝,而且,朵颜三卫还帮成祖打过仗,那么,成祖为什么要攻打他们呢?原来,成祖得到情报,兀良哈部与阿鲁台之间一直鬼鬼祟祟,有所勾结,现在既然找不到阿鲁台,那就拿你兀良哈出口恶气!

这一年的八月,明朝军队和兀良哈部在达齐拉尔河打了一仗。别看成祖将近花甲之龄,那纵马舞刀的威风还是不减当年呢!而兀良哈那点儿兵力,哪架得住明军的攻击,眨眼的工夫,就被打得七零八落,狼狈逃窜了。倒霉的兀良哈就这样给阿鲁台当了替罪羊。

打了个大胜仗,总算没有白来,成祖兴高采烈地班师回朝了。

鸿雁传书 HONGYAN CHUAN SHU

北征！又是北征！

穿穿老师：

您好，尽管前段时间打了大胜仗，但没有抓住阿鲁台，这始终是朕心中的遗憾。现在，朕听边关的将领说，阿鲁台有可能会进攻边关。这可是个教训他的好机会。

这一次，朕一定要把这小子打趴下，免得他以后来欺负朕的皇子皇孙！

让朕高兴的是，这次没有人跟朕唱反调了，也没人再说什么让朕"保重龙体"的废话！没有他们在身边叽叽歪歪，朕这心里是说不来的舒坦，相信这次朕肯定会打胜仗，哈哈！

大明天子　朱棣

陛下：

您好。小民怎么感觉不是在和一个六十多岁的老人通信，而是和一个年轻小伙子呢？

这一次，大臣们沉默不语，不是因为陛下做得对，而是因为夏原吉还在牢里待着呢！这次陛下为什么又要御驾亲征呢？边关的人只是说阿鲁台"有可能"出现，并没有说"一定"会出现啊！您养兵千日，总得用用他们吧，怎么能一有事就自己上战场呢？

况且，陛下的身体已经大不如从前了，而老百姓这几年也受够了战争，此时应该休养生息，不宜再大动干戈了。

也许我是个文人吧，不能理解陛下这种战争情怀。但小民和所有老百姓一样，都希望过太平日子。

所以，请停止战争吧，陛下！

《穿越报》编辑　穿穿

【公元1423年，朱棣不顾自己年迈的身体，开始第四次北征。】

百姓茶馆 BAIXING CHAGUAN

收了个蒙古王子

铁匠老李：唉，这阿鲁台真是个无赖，皇上一出征，他就溜；皇上一回来，他就来捣乱，这不是拿我们皇上开涮吗？

米店米掌柜：他打不过我们皇上，当然只有跑了。可怜我们皇上，为了找他，拖着年迈的身体，在大漠里转来转去，最后实在转不动了，只好让三千骑兵去找。

李秀才：你们还别说，这一找，阿鲁台没找着，却遇到了他们部落的也先土干王子。你们猜怎么着，原来，这位蒙古王子和阿鲁台闹别扭，一气之下，率领部下出走了，准备投降咱们大明朝呢！结果，正好让这三千骑兵给遇上了。

酒店小二：皇上劳师动众远征，如果空着手回去，那多没面子啊！这下好了，收降了一名蒙古王子，也算不虚此行啊！

赵员外：是啊，皇上在大帐中摆下盛宴，款待了也先土干王子。不但如此，还赐名金忠，册封他为忠勇王呢！

一个神秘的夜晚

找不到阿鲁台,成祖只好宣布回去。

一天晚上,夜已经很深了,成祖刚入睡不久,侍者就把他叫醒了,说有个叫胡濙(yíng)的人前来求见。

成祖本来很不高兴,一听"胡濙"两个字,立刻两眼放光,睡意全无,命令他马上进来。

这个胡濙是谁呢?成祖为何这么重视他呢?记者费了好大劲儿,终于打探到内幕。

这个胡濙是当朝礼部左侍郎,可奇怪的是,朝廷中却很少有人看见过他的身影。而事实上,从公元1407年开始,胡濙就接到了成祖的旨令,放下手头上所有的工作,只做一件事情——一定要找到朱允炆的下落,否则不要回来见他。

所以,这么多年来,胡濙一直在民间苦苦寻找着。

现在,十六年过去了,胡濙突然深夜求见,这意味着什么呢?没有人知道。

CHIZHA FENGYUN 叱咤风云

我们唯一知道的就是,这天晚上,胡濙和成祖进行了一场漫长的谈话。直到天快亮的时候,胡濙才向成祖告辞。

那么,胡濙究竟找到建文帝了吗?

根据本报记者推测,胡濙这么多年都没找到,这次居然不远万里来找成祖,并且深夜急着求见,那他一定是打听到了朱允炆的下落。如果朱允炆已经死了,一两句话就可以交代清楚了,根本用不着彻夜长谈。所以,朱允炆极有可能没有死,甚至,胡濙还有可能见到了他。

至于朱允炆是当了平民,还是出家了,大家就自行想象去吧。

叱咤风云 CHIZHA FENGYUN

最后的征途

光阴似箭，时间一下子就到了公元1424年，成祖又老了一岁。可是，大漠上的阿鲁台就像一个不死的幽灵，又开始出来捣乱了。

出不出兵呢？成祖找来几名内阁大臣，让他们发表了一下意见。

可是，之前力阻皇上出兵的夏原吉还在吃牢饭呢，这次，大臣们全部学乖了，异口同声，全都支持出兵！

尽管成祖内心已经厌倦了战争，但面对一致主战的大臣们，也只好拖着沉重的病体，再次出征了。

路上下起了雨，看见将士们雨中凄苦的样子，成祖的心中不由产生了一丝怜悯之情——将士们连年征战，这是我的过错啊！

这一次，同样的事情又发生了——阿鲁台逃跑了！

为了寻找阿鲁台，大军在大漠中漫无目的地行进着。

这天晚上，成祖做了一个梦。梦中，一位天神对他说："朱棣啊，上天有好生之德，你却连年征战，这是不祥之兆啊！"

梦醒了，成祖惊出一身冷汗，连忙把这个梦告诉了身边的大臣。

直到这时，大臣们才发现，皇上确实是无心进兵了，这才说出了心里话，退兵吧，让士兵们休养生息，让百姓们安居乐业。

大家这么一说，成祖也不想硬扛着了，于是下令回去。

在回去的路上，成祖的病情加重，甚至连马都不能骑，只能坐在一辆马车里。

看着周围的景物，成祖问："还有多久，咱们才能到达京城呢？"

成祖啊成祖，你这一生在这条征途上走了多少次啊，你怎么会问这样的问题呢，多久能到京城，你比任何人都清楚啊！

成祖有些悲凉地说："太子现在已经精通政务了，这次回了京城，朕什么也不做了，朕只想安安静静地度过晚年。"

可是，成祖也有一种不祥的预感，这一次自己恐怕真的回不去了。

当大军走到一个叫榆木川的地方时，最后的时刻还是到来了。成祖挣扎着坐起来，看了看身边的大臣们，然后说："唉，朕现在才知道，夏原吉是爱护朕的啊！"

公元1424年，在这个叫榆木川的地方，一代铁血君王朱棣，就这样结束了自己波澜壮阔的一生，享年六十五岁。

 ## 嘻哈园 XIHA YUAN

皇帝的称呼怎么那么多？

成祖死后，庙号太宗，所以，大家也叫他明太宗。可是，为什么还有人叫他明成祖，还有"永乐大帝"呢？接下来，咱们就详细解答一下这个问题。

皇帝的称呼，主要分为庙号、谥（shì）号和年号。

先说庙号。皇帝死后，牌位被供奉在太庙中，供后人祭拜。那些生前对国家有功，值得子孙永世祭祀的先王，就有了庙号。

庙号是根据"开疆扩土为祖，保业守成为宗"的礼法来追封的。一个王朝的第一个皇帝是开创者，称"祖"，后面的皇帝是继承者，称"宗"。

比如，唐朝的第一个皇帝是李渊，他便被称为唐高祖；李渊的儿子李世民是继承者，就被称为唐太宗。

而成祖的父亲朱元璋由于是明朝的开国皇帝，所以庙号为太祖。成祖的庙号本来应该是太宗，可是有人认为，成祖虽然不是开国皇帝，但他起兵推翻了建文帝，实际上也是一位开创者，所以就把他的庙号改为了"成祖"。

再来说说谥号。谥号，是古代有身份地位的人死后，人们对他这一生做一个概括性的评价，王公大臣有谥号，皇帝当然也有。这样的例子也有很多，比如汉武帝、隋炀帝等都是谥号。

庙号和谥号有一个特点，就是含褒义或者贬义，特别是谥

文化广场 WENHUA GUANGCHANG

号。一般来说，像文、武、明、睿之类的谥号都是好字眼，像厉、灵、炀之类的谥号都含有贬义，比如隋炀帝。

当然，并不是每个皇帝都有这些称呼，秦始皇就非常讨厌这样做。他认为给死去的皇帝上庙号、谥号，是儿子议论父亲的是非，臣下评论君主的功过，是以下犯上、是大不敬。所以，秦朝就不采用这种制度，秦始皇做着江山永固的美梦，想着他是始皇帝，然后便是秦二世、三世以至万世，可没想到，传到二世就亡了国。

至于年号嘛，那就更好理解了。新皇帝登基，总会定一个新年号。像朱元璋，他的年号是"洪武"，成祖呢，他的年号是"永乐"。

以前，皇帝们很爱换年号，一个皇帝一生中可能会有很多年号。可是到了大明朝，一个皇帝一般只定一个年号，所以，人们也开始拿年号作为皇帝的称呼。

像朱元璋，就被称为洪武皇帝，成祖自然就是永乐皇帝了，而朱允炆，他的年号是建文，所以称他为建文帝。

名人有约

MINGREN YOU YUE

越越 大嘴记者

朱高炽 特约嘉宾

嘉宾简介：因为性格沉着稳重、儒雅和善，他深得祖父的喜爱；可是，因为身体肥胖，父亲并不喜欢他。庆幸的是，他有大臣们的支持，还有一个好儿子，最后，他终于登上了皇帝的宝座。他就是胖乎乎、圆滚滚、人见人爱、花见花开的新皇帝——朱高炽！

越　越：陛下您好，恭喜您荣登宝座……（只听"哗啦"一声）

朱高炽：（面红耳赤）不好意思，这椅子被朕压坏了，能不能再换一把？

越　越：好的好的，（对旁边说道）工作人员请帮下忙，为皇上换一把椅子，要换把结实点儿的哦！

（椅子换好了，朱高炽重新落座。）

朱高炽：让你们见笑了，没办法，朕太胖了，该减肥了！

越　越：没关系，俗话说心宽才会体胖，陛下长这么多肉，说明陛下心中无烦恼啊！

朱高炽：唉，朕的烦心事多着呢！朕那二弟朱高煦一直想取代朕，总是和朕作对！

越　越：唉，这都是权力惹的祸。咱们换个轻松点的话题吧，听说陛下的皇爷爷很喜欢陛下？

朱高炽：（有点得意）嘿嘿，是啊！我从小很爱念书，别看我爷爷是个大老粗，可他喜欢有文化、有风度的人！当年父皇还是燕王的时候，爷爷就封朕做了燕世子。

越　越：这么说来，由"世子"变成"太子"，做先皇的接班人，是理所应当的了。

朱高炽：嗯，那当然了！皇爷爷一直把我当作父皇的接班人培养。有一次，他让我们去检阅军队，想锻炼锻炼我们。结果，大家早早就检阅完回来了，只有朕很晚才回来。皇爷爷问朕怎么回事，朕就

名人有约 MINGREN YOU YUE

告诉他，朕去的时候，将士们都还没有吃饭，朕心疼将士们，就让他们先吃完饭，然后再检阅。

越　越：陛下还真是体贴大家啊！

朱高炽：是啊，皇爷爷听了朕的话，非常高兴，说朕有仁君风范。

越　越：确实很"仁慈"，先前汉王殿下那么陷害陛下，陛下都还在为他说话，为他求情。

朱高炽：毕竟是亲兄弟啊！当年，靖难的时候，方孝孺想离间我们兄弟两个，给朕写了封信，结果朕都没看那封信，就交给了父皇。那个时候都挺过来了，现在为何要自相残杀呢，朕不忍心啊！

越　越：就因为陛下这"菩萨心肠"，"三杨"才力挺陛下到现在……

朱高炽：患难见真情。朕监国二十年，曾有那么多人想陷害朕，这大家都是知道的，在那么难的形势下，他们都和朕并肩站在一起，与朕共同承担，杨溥甚至不惜冒犯父皇，蹲监狱，他们对朕这样的忠心，朕……朕……真是无以为报啊（说着不禁流下了眼泪）……

越　越：陛下，要真感谢他们，就像他们所希望的一样，做个好皇帝吧。

朱高炽：（擦干眼泪）那是一定的！对父皇曾经犯下的错，朕也要尽力帮他扭转过来！

越　越：啊，他刚死，陛下就要翻他的旧账吗？

朱高炽：不是翻旧账，当年父皇为了自保，不得不起兵靖难，这是可以理解的。但他后来将那么多建文帝手下的忠臣都给杀了，朕觉得这个罪过实在太大了。

越　越：噢，那陛下打算怎么办呢？

朱高炽：朕打算赦免那些忠臣的家属们，让他们不再受人奴役，像平常老百姓一样，种田经商，安居乐业。

越　越：（眼眶微红）陛下能这么做，真是让草民太感动了。（突然又是哗啦一声）

朱高炽：（再次脸红）小记者，椅子又被朕压坏了……

越　越：（汗）额，那好吧，陛下的仁义我们会记在心中的。那我们的采访就到此结束吧……

朱高炽：（尴尬）好的，再见！

广告铺

欢迎西洋的朋友们

西洋十六国的朋友们，你们不远千里，来到中国，是我们大明的贵宾。但天气渐冷，实在不宜久留，在各位回去之前，特在会同馆备下好酒好菜，共一千两百多席，请各位务必参加。（注意：无论是使者还是商人，均有礼品相送。）

大明礼部

赦免令

因"靖难兵变"受到牵连的大臣及其家属们，从今日起，你们可以不再受人奴役，朕决定恢复你们的自由之身。除此之外，你们每人还将获得一块土地，像平常老百姓一样，种田养家，安居乐业。过去的事情，就让它过去吧！

大明天子朱高炽

太子的慰问

近日暴雨不停，飓风不止，河水泛滥成灾，老百姓深受其害，溺死三百六十余人，淹没房舍一千两百余间，损坏粮食两万多石。太子听说后，十分焦急，命户部官员前来慰问，还送来了大量物资。有这样的太子，真是我们不幸中的大幸啊！

广州府衙

智者为王 ZHIZHE WEI WANG

第4关

智者无敌 王者为大

1. 公元1414年，朱棣打败瓦剌后回到南京，他突然对太子发怒的理由是什么？
2. 杨士奇支持哪位皇子做朱棣的接班人？
3. 成祖远征大漠，日常朝政怎么办？
4. 解缙是被谁害死的？
5. 朱高煦在朱棣的强制命令下，去哪个地方就藩了？
6. 姚广孝临终前，最后向朱棣提出的请求是什么？
7. 迁都北京后，北京地区的粮食问题如何解决？
8. 北京皇宫着火的原因是什么？
9. 在古代，发生重大天灾后，大家会怎样看待这样的灾难？
10. 夏原吉劝阻朱棣不要北征，朱棣是否采纳了他的建议？
11. 朱棣在大漠中没有找到阿鲁台，他移师攻击了哪个蒙古部族？
12. 哪一位大臣十几年如一日，一直在暗中打探朱允炆下落？
13. 没有找到阿鲁台，朱棣却收降了一位蒙古王子，他是谁？
14. 回朝途中，朱棣死在了什么地方？
15. "三杨"是指哪三个人？

智者为王答案

第①关答案

1. 公元1360年。
2. 第四子。
3. 根据《易经》五行相生的规律："火土金水木"，木生火，所以儿子们的名字都有"木"字旁，孙子的名字都有"火"字旁。
4. 朱标。
5. 大学者宋濂。
6. 北平。
7. 中山王徐达。
8. 分封儿子做藩王。
9. 朱元璋。
10. 立朱允炆为皇太孙。
11. 道衍和尚。
12. 公元1398年；洪武。
13. 朵颜三卫。
14. 周王。
15. 掩人耳目，打造兵器。

第②关答案

1. 公元1399年。
2. "清君侧""奉天靖难"。
3. 朵颜三卫。
4. 不是，是被朱棣胁迫的。
5. 李景隆。
6. 张信。
7. 谷王朱橞和李景隆。
8. 铁铉在济南城墙上挂了朱元璋的"牌位"。
9. 下落不明，因为南京宫殿中烧毁的尸体无法辨认她是谁。
10. 解缙。
11. 王艮。
12. 永乐。
13. 方孝孺。
14. 徐达。
15. 没有，迁宁王于江西。

长知识啦！

第❸关答案

1. 南京刘家港。
2. 道衍和尚。
3. 二万七千八百多人。
4. 马三保。
5. 郑和不是汉族人,他是回族人,信仰伊斯兰教。
6. 尚师哈立麻,来自乌斯藏地区(今西藏自治区)。
7. 张辅。
8. 古里,位于印度半岛西南端。
9. 《永乐大典》。
10. 内阁制度。
11. 全军覆没,邱福战死。
12. 陈天平。
13. 胡一元。
14. 其四周多山,可发挥蒙古骑兵优势。
15. 神机营。
16. 不是,是长颈鹿。

第❹关答案

1. 太子迎驾迟误。
2. 太子朱高炽。
3. 太子监国。
4. 锦衣卫指挥使纪纲。
5. 乐安。
6. 释放僧人溥洽。
7. 开通南北漕运,由南方运往北京。
8. 宫殿被雷击中起火。
9. 认为是皇帝做了错事,上天发出示警。
10. 没有,朱棣把夏原吉投入了大牢。
11. 兀良哈。
12. 胡濙。
13. 也先土干。
14. 榆木川。
15. 杨士奇、杨荣、杨溥。

好给力的答案!

朱棣生平大事年表

时间	年龄	大事记
公元1360年	一岁	朱棣在应天府(今江苏省南京市)出生,排行老四。
公元1370年	十一岁	朱棣受封燕王。
公元1380年	二十一岁	朱棣就藩北平,随后在对抗北元的战争中,军事实力大大加强。
公元1399年	四十岁	朱棣发动"靖难兵变"。
公元1402年	四十三岁	朱棣率兵攻下南京。皇宫起火,朱允炆不知去向。朱棣称帝,改次年年号为永乐元年。
公元1404年	四十五岁	朱棣立朱高炽为太子,封朱高煦为汉王。
公元1405-1408年	四十六-四十九岁	朱棣命解缙、姚广孝等人重修《文献大成》,后命名为《永乐大典》。
公元1405-1421年	四十六-六十二岁	朱棣派郑和先后六次下西洋。
公元1407年	四十八岁	朱棣改安南为交趾,设布政使司。继汉唐之后,安南又一次直接受中国管理。
公元1410年	五十一岁	朱棣亲征鞑靼,大败本雅失里、阿鲁台。鞑靼向明朝称臣。
公元1414年	五十五岁	朱棣在忽兰忽失温(今蒙古人民共和国乌兰巴托)大败瓦剌。
公元1420年	六十一岁	朱棣迁都北京。
公元1422-1424年	六十三-六十五岁	阿鲁台再次反叛,朱棣三次亲征鞑靼,阿鲁台均避而不战。
公元1424年	六十五岁	朱棣在回朝途中病逝于榆木川。

图书在版编目(CIP)数据

铁血君王永乐帝 / 彭凡著. —北京：化学工业出版社，2015.8（2024.11重印）
（历史穿越报）
ISBN 978-7-122-24460-4

Ⅰ. ①铁… Ⅱ. ①彭… Ⅲ. ①明成祖（1360—1424）-生平事迹-少年读物 Ⅳ. ①K827=2

中国版本图书馆CIP数据核字（2015）第143111号

责任编辑：丁尚林　刘亚琦　　　　　　　　装帧设计：尹琳琳
责任校对：陈　静

出版发行：化学工业出版社（北京市东城区青年湖南街13号　邮政编码100011）
印　　装：北京宝隆世纪印刷有限公司
710mm×1000mm　1/16　印张12　2024年11月北京第1版第20次印刷

购书咨询：010-64518888（传真：010-64519686）　售后服务：010-64518899
网　　址：http://www.cip.com.cn
凡购买本书，如有缺损质量问题，本社销售中心负责调换。

定　价：29.80元　　　　　　　　　　　　　　　　版权所有　违者必究